TANNAZ FALAKNAZ, STEFANIE LOHAUS, CÉCILE WEIDHOFER (HG.)

ZU ANDERS FÜR DIE MACHT

TANNAZ FALAKNAZ, STEFANIE LOHAUS,
CÉCILE WEIDHOFER (HG.)

ZU ANDERS
FÜR DIE MACHT

Wie mutige Frauen für Gleichberechtigung
in der Politik kämpfen

HERDER

FREIBURG · BASEL · WIEN

Umschlaggestaltung: zero-media.net, München
Satz: Daniel Förster, Belgern
Herstellung: GGP Media GmbH, Pößneck
Printed in Germany
Stand: Dezember 2024

ISBN Print: 978-3-451-39136-1
ISBN E-Book (EPUB): 978-3-451-83404-2
ISBN E-Book (PDF): 978-3-451-83748-7

INHALT

WARUM ES NOCH IMMER KEINE GLEICHBERECHTIGUNG IN DER POLITIK GIBT UND ES SIE BRAUCHT: DIE ERSTEN

Wir feiern die Demokratie als ideale Staatsform, als Sehnsuchtsort politischer Teilhabe und Mitgestaltung. Sie verkörpert den Traum von Gleichberechtigung und die Möglichkeit, aktiv an den Geschicken des Landes mitzuwirken. Doch trotz ihrer Errungenschaften müssen wir uns eingestehen: Unsere Demokratie ist nicht vollendet. Bei genauer Betrachtung offenbart sich ein tieferes Verständnis dieser Unvollkommenheit, die weit über offensichtliche Mängel hinausgeht. Die Demokratie lädt uns ein, mitzuwirken und teilzuhaben, doch in der Praxis ist sie oft weit davon entfernt, dieses Versprechen vollständig einzulösen. Die politische Landschaft, die sich uns präsentiert, spiegelt nach wie vor ungleiche Machtverhältnisse wider. Besonders deutlich wird dies in der Unterrepräsentation bestimmter Gruppen in politischen Entscheidungsprozessen.

Frauen, Menschen mit Migrationsbiografie, Menschen mit Beeinträchtigungen und andere marginalisierte Gruppen sind in den politischen Institutionen nach wie vor unterrepräsentiert. Diese Unterrepräsentation ist nicht nur ein Symptom, sondern auch eine Ursache dafür, dass bestimmte Perspektiven in der Gesetzgebung und in der politischen Gestaltung fehlen. Wenn Gesetze und Richtlinien vornehmlich von einer homogenen Gruppe beschlossen werden, bleiben die Interessen und Bedürfnisse großer Teile der Bevölkerung unberücksichtigt.

Betrachten wir den historischen Kontext, so wird deutlich, wie stark die Demokratie, die wir heute genießen, auf den Schultern mutiger Frauen ruht, die den politischen Diskurs und die gesellschaftlichen Veränderungen maßgeblich geprägt haben. Diese Frauen wie etwa Louise Otto-Peters, Hedwig Dohm, Helene Lange, Clara Zetkin oder Anita Augspurg haben oft unter Lebensgefahr für Rechte gekämpft, die wir heute als selbstverständlich erachten: Meinungsfreiheit, das Recht auf Bildung, das Wahlrecht, das Recht auf Selbstbestimmung und die Freiheit, sich politisch einzubringen. Ihre Kämpfe und Errungenschaften bilden das Fundament, auf dem unsere heutige Demokratie steht.

Seit der Einführung des aktiven und passiven Frauenwahlrechts im Jahr 1918 hat sich viel verändert. Es wurde gestritten und erkämpft. An vorderster Front standen immer wieder Frauen, die als Pionierinnen den Weg bereiteten für nachfolgende Generationen. Sie erstritten die Abschaffung von Gesetzen, die Frauen entmündigten, wie etwa 1977 das bundesdeutsche Recht des Ehemannes, über die Erwerbstätigkeit der Ehefrau zu bestimmen. Dabei arbeiteten Frauen auch überparteilich zusammen: Die Strafbarkeit von Vergewaltigung in der Ehe konnte 1997 beschlossen werden, weil der Fraktionszwang abgeschafft wurde. Sie verbesserten (meistens) die Situation von Müttern, schafften Quotenregelungen für Frauen und Führungspositionen. Sie öffneten politische Räume, in denen zuvor marginalisierte Stimmen Gehör fanden. Sie hatten – und haben – den Mut, gegen Widerstände anzukämpfen und die politische Landschaft nachhaltig zu verändern.

Sie waren die Wegweiserinnen, die den Mut hatten, gegen Widerstände anzukämpfen und die politische Landschaft nachhaltig zu verändern.

Doch obwohl viel erreicht wurde, bleibt noch viel zu tun. Die Demokratie muss sich weiterentwickeln, um wirklich inklusiv zu sein. Sie muss die Stimmen aller Menschen berücksichtigen und sich zu einer politischen Kultur entwickeln, in der Diversität als Bereicherung und nicht als Bedrohung wahrgenommen wird. Die unvollendete Demokratie ist ein Aufruf an uns alle, nicht nur passiv Teil des Systems zu sein, sondern aktiv daran mitzuwirken, es gerechter und inklusiver zu gestalten.

Unser Ziel sollte eine Demokratie sein, die wirklich alle einlädt, in der politische Teilhabe nicht von Geschlecht, Herkunft, körperlicher Verfassung oder anderen Merkmalen abhängt. Eine Demokratie, die ihre eigenen Versprechen einlöst und für alle Menschen gleiche Chancen bietet. Es ist an der Zeit, unsere Demokratie zu vollenden und gemeinsam daran zu arbeiten, sie in der Praxis zu verbessern – damit sie endlich das Ideal verwirklicht, das sie zu sein verspricht.

»Meine Herren und Damen! Es ist das erste Mal, dass eine Frau als Freie und Gleiche im Parlament zum Volke sprechen darf [...]«

Am 19. Februar 1919, kurz nach Einführung des Frauenwahlrechts, betrat Marie Juchacz als erste Frau in Deutschland das Rednerpult der Weimarer Nationalversammlung und schrieb Geschichte. Zum ersten Mal sprach eine Frau in einem nationalen Parlament in Deutschland. Die historische Bedeutung dieses Moments griff sie selbst in ihrer Rede auf, in der sie über die Entwicklungen der Frauenwahlrechtsbewegung und die Rolle der Frauen in der Gesellschaft sprach. Einhundert Jahre später erinnerten wir uns an diese Wahlrechtsreform und nahmen die heutigen Herausforderungen rund um Gleichberechtigung und gesellschaftliche Teilhabe von Frauen in den Blick. Es zeigt sich ein Fortschritt im Schneckentempo. Die Nationalversammlung, der Marie Juchacz angehörte, hatte einen Frauenanteil von 8,7 Prozent, der erst bei der Wahl des Deutschen Bundestags im Jahr 1987 überschritten wurde. Fakt ist: In keinem deutschen Parlament sind Frauen seit 1919 ihrem Bevölkerungsanteil entsprechend vertreten. 2017 fiel der Frauenanteil im Bundestag mit 30,9 Prozent auf den Wert von 1998 zurück. Grund hierfür war der Einzug von Parteien mit einem geringeren Frauenanteil in den Bundestag. Bei den nächsten Wahlen 2021 stieg der Frauenanteil um vier Prozentpunkte an und beträgt nun knapp unter 36 Prozent. In den Fraktionen zeigen sich deutliche Unterschiede: Während der Frauenanteil bei Bündnis 90/Die Grünen 59,3 Prozent beträgt, kommt die AfD lediglich auf 11,5 Prozent. Auch in zahlreichen Länderparlamenten ist der Frauenanteil rückläufig und liegt im Schnitt bei einem Drittel. Zudem zeigt sich weltweit ein Rückfall in tradierte Rollen- und Familienbilder. Was einmal erkämpft wurde, kann auch wieder verloren gehen.

In den kommunalen Vertretungen auf Kreisebene und in kreisfreien Städten machen Frauen nur etwa 30 Prozent aus. Betrachtet man Frauen in politischen Führungspositionen, wird die Unterrepräsentanz besonders deutlich. 1961 wurde Elisabeth Schwarzhaupt die erste Frau an der Spitze eines Bundesministeriums. Heute sind 42,8 Prozent der Bundesministerien von Frauen besetzt. Allerdings gibt es nur zwei Ministerpräsidentinnen (in Mecklenburg-Vorpommern und dem Saarland) und nur 13,5 Prozent Bürgermeisterinnen[*] – 2020 titelte das Katapult-Magazin, dass es mehr Thomase gibt, die Bürgermeister sind, als es Bürgermeisterinnen gibt. Auffällig ist auch, dass Menschen mit ostdeutscher Biografie selten in politischen Führungspositionen zu finden sind.

Die Gründe für die Unterrepräsentanz von Frauen in der Politik sind vielfältig. Zum einen sind Geschlechterstereotype und traditionelle Rollenbilder immer noch tief in der Gesellschaft verwurzelt. So verbringen Frauen häufig immer noch mehr Zeit mit

---

[*] Deutscher Städte- und Gemeindebund (2024). Neue Schätzungen zur Anzahl der Bürgermeisterinnen in Deutschland: https://www.dstgb.de/themen/lokale-demokratie/aktuelles/neue-schaetzungen-zur-anzahl-der-buergermeisterinnen-in-deutschland/.

Sorgearbeit, verdienen weniger und verfügen daher über weniger zeitliche und finanzielle Ressourcen für politisches Engagement. Frauen wird oft weniger zugetraut – und auch sie selbst trauen sich oft weniger zu. Klischees beeinflussen auch die Erwartungen und Normen, die Politikerinnen auferlegt werden, sei es in Bezug auf Verhalten, Leistung oder Aussehen. Nicht zu männlich, nicht zu weiblich aufzutreten, ist eine der Herausforderungen, vor denen Frauen oft stehen, wenn sie in der Politik Öffentlichkeit erfahren. Die Frauenzeitschrift EMMA verlieh 2024 der FDP-Politikerin Marie-Agnes Strack-Zimmermann den Schmähpreis »Sexist Man Alive« und verunglimpfte sie auf diesem Wege. Bundeskanzlerin Angela Merkel sorgte für Schlagzeilen, als sie 2008 bei der Eröffnung des Osloer Opernhauses ein tief ausgeschnittenes Abendkleid trug. Als Franziska Giffey und Julia Klöckner zehn Jahre später bei ihrer Vereidigung zu Bundesministerinnen das gleiche Kostüm trugen, sprach niemand mehr über die Ressorts und Inhalte. Als Manuela Schwesig, damals Bundesfamilienministerin, acht Wochen nach der Geburt ihres zweiten Kindes bereits wieder nach Berlin pendelte, während ihr Mann Elternzeit nahm, wurde sie als Rabenmutter und Egoistin beschimpft. Diese Beispiele verdeutlichen, dass die Gesellschaft nach wie vor eine klar definierte Vorstellung davon hat, wie »Politikerinnen« zu sein haben.

Es gibt viele strukturelle Hürden: Das Wahlrecht beeinflusst, wie viele Frauen in den Parlamenten sitzen – so begünstigt ein reines Verhältniswahlrecht den Frauenanteil stärker als ein gemischtes System, bestehend aus Mehrheits- und Verhältniswahlrecht, wie in Deutschland. Aber schon in der Nominierungspraxis haben Frauen oft das Nachsehen, denn die noch stark männlich dominierten Netzwerke der Parteien führen dazu, dass Männer auf erfolgreicheren Plätzen aufgestellt werden. Harte politische Auseinandersetzungen in Gremien, Parteien und Parlamenten halten viele Frauen ebenfalls davon ab, sich zu engagieren. Denn immer wieder sind die Umgangsformen und Debattenkulturen von Respektlosigkeit und alltäglichem Sexismus durchzogen. Zusätzlich fehlen häufig Vorbilder und Unterstützungsnetzwerke. Es bedarf eines umfassenden kulturellen und strukturellen Wandels, um die Gleichstellung in der Politik zu fördern und Frauen die gleichberechtigte Teilhabe zu ermöglichen.

> *»Wir fordern alle auf, den alltäglichen Sexismus hier im Parlament einzustellen.«*

Mit diesen Worten und unter großem Gelächter hielt Waltraud Schoppe im März 1983 ihre erste Rede im Bundestag und setzte damit ein weiteres Zeichen in der Geschichte der Frauenrechte. Schoppe war nicht die erste Frau, die sich öffentlich gegen patriarchale Strukturen stellte, doch bis heute bleibt Sexismus in der Politik ein Thema. Stereotype Rollenzuschreibungen führen dazu, dass Frauen in der Politik oft weniger zugetraut wird: Frauen gelten als »zu emotional«, interessieren sich angeblich eher für »weiche Themen« wie Soziales und Familie und weniger für »harte« Felder wie Wirtschaft und Finanzen. Auch das Aussehen von Politikerinnen wird stärker thematisiert als das ihrer männlichen Kollegen, private Verhältnisse werden öfter diskutiert, und Frauen werden regelmäßig für das Image ihrer Partei instrumentalisiert.

Auch sexuelle Belästigung ist in Parteien weitverbreitet. In der EAF-Berlin-Studie »Parteikulturen und die politische Teilhabe von Frauen«[*] gaben 40 Prozent der befragten Politikerinnen an, sexuelle Belästigung erlebt zu haben. Auf Bundesebene sind die

---

[*] Köcher, Renate; Lukoschat, Helga (2021): Parteikulturen und die politische Teilhabe von Frauen. Eine empirische Untersuchung mit Handlungsempfehlungen an die Parteien. Herausgegeben von der EAF Berlin.

Zahlen sogar höher als auf kommunaler Ebene. Politikerinnen berichten von unangemessenen Kommentaren über Aussehen, Figur und Kleidung, von Blicken und unerwünschten Berührungen. Diese Übergriffe finden oft in informellen Situationen statt, verübt von Parteikollegen und Politikern anderer Parteien. Besonders gefährdet sind jüngere und neue weibliche Mitglieder.

»Es ist ein wichtiger historischer Moment, bei dem es weniger um meine Person geht als darum, dass strukturelle Diskriminierung Schritt für Schritt aufgebrochen wird.«

Im September 2021 schrieb die Grünen-Politikerin Awet Tesfaiesus Geschichte, als sie als erste Schwarze Frau in den Bundestag einzog. Trotz dieses bedeutenden Schritts sind Menschen mit Migrationsbiografie in deutschen politischen Institutionen noch immer stark unterrepräsentiert.

Obwohl Menschen mit Migrationsbiografie knapp 29 Prozent der Bevölkerung ausmachen, beträgt ihr Anteil im Bundestag lediglich 11 Prozent, in den Landesparlamenten sogar nur sieben Prozent.[*] Noch gravierender ist, dass nicht einmal sechs Prozent der weiblichen Bundestagsabgeordneten eine Migrationsbiografie haben. Die Repräsentation von Menschen mit Migrationsbiografie zeigt auch auf kommunaler Ebene große Defizite. Der Mediendienst Integration berechnete 2023 bundesweit nur vier Oberbürgermeister mit Migrationsbiografie, darunter keine Frau.[**]

---

[*] Henning Bergmann, Gözde Çelik und Andreas M. Wüst (2024): REPCHANCE. Bausteine einer chancengerechten politischen Repräsentation von Menschen mit Migrationsgeschichte. Robert Bosch Stiftung: https://www.bosch-stiftung.de/de/publikation/repchance (zuletzt abgerufen am 13.12.2024).

[**] Mediendienst Integration: Politische Teilhabe. https://mediendienst-integration.de/integration/politische-teilhabe.html (Stand: Mai 2024, zuletzt abgerufen am 16.12.2024).

Die Ursachen für diese Unterrepräsentation sind oft tief in den gesellschaftlichen Strukturen verwurzelt. Rassismus, Vorurteile, ungleiche Chancen und fehlende Netzwerke erschweren es Menschen mit Migrationsbiografie, in der Politik Fuß zu fassen. Die Bedrohungslage für Politiker*innen mit Migrationsbiografie ist zudem besonders in Ostdeutschland hoch, wo sie oft mit Rassismus und sozialer Isolation konfrontiert sind.

> *»Heute schreiben wir tatsächlich Geschichte. Wir haben die erste gehörlose Abgeordnete, die sich hier für ihren Wahlkreis einbringen wird.«*

Bundestagspräsidentin Bärbel Bas kündigt Heike Heubach im März 2024 als neues Mitglied des Deutschen Bundestags an. Der Moment, in dem sie offiziell in das höchste deutsche Parlament eingeführt wurde, war mehr als nur ein symbolischer Akt – er markierte einen bedeutenden Meilenstein auf dem Weg zu einer inklusiveren politischen Landschaft. Als der Applaus in diesem Moment in Gebärdensprache gespendet wurde, war es ein starkes Zeichen dafür, dass Vielfalt in der Politik nicht nur anerkannt, sondern auch gefeiert wird. Menschen mit Behinderungen sind nach wie vor in der Politik eine Seltenheit. Diese Unterrepräsentation ist nicht nur ein Spiegelbild gesellschaftlicher Vorurteile, sondern auch ein Hinweis auf die strukturellen Barrieren, die Menschen mit Behinderungen daran hindern, aktiv an der politischen Gestaltung teilzuhaben.

Ein Großteil dieser Barrieren ist räumlicher und technischer Natur. Noch immer sind viele politische Institutionen und Gebäude für Menschen mit körperlichen Einschränkungen kaum zugänglich. Barrierefreiheit heißt hier mehr als nur Rollstuhlrampen und Aufzüge – auch Informationen in leichter Sprache, Braille und Gebärdensprache sind entscheidend. Auf kommunaler

Ebene zeigt sich das Problem noch deutlicher. In kleineren Städten und ländlichen Regionen ist es keine Seltenheit, dass öffentliche Gebäude, Wahllokale oder kommunale Parlamente für Menschen mit Beeinträchtigungen schwer zugänglich sind.

Es ist möglich, dass Menschen mit Behinderungen politische Verantwortung übernehmen und wichtige Entscheidungen mitgestalten. Doch dieser Fortschritt darf nicht darüber hinwegtäuschen, dass noch viel Arbeit vor uns liegt. Barrierefreiheit ist die Grundlage demokratischer Teilhabe auf allen politischen Ebenen – von der Gemeinde bis zur Bundesregierung und von der kommunalen bis zur bundesweiten. Nur so können wir sicherstellen, dass die Politik tatsächlich ein Spiegelbild der gesamten Gesellschaft ist und alle Stimmen Gehör finden.

Dennoch – trotz all der genannten Barrieren der letzten Jahrzehnte ist es immer Menschen gelungen, ihren Weg in die Politik zu finden und ihren Platz zu erkämpfen. Die in diesem Vorwort ausgewählten historischen Meilensteine zeigen, wie wichtig es ist, dass es zur Bekämpfung von Ungleichheiten immer mutige Menschen gibt, die als Erste etwas verändern, anstoßen oder aussprechen.

Nur eine Demokratie, die von allen getragen und gelebt wird, erfährt Legitimität. Diese Legitimität bedeutet, möglichst viele Stimmen zu Wort kommen zu lassen, gemeinsam zu reflektieren und marginalisierten Gruppen eine Stimme zu geben. Unter anderem sind es mutige Frauen, die wichtige Meilensteine in der deutschen Politik gesetzt haben. Einige von ihnen möchten wir in diesem Buch die persönlichen Geschichten erzählen lassen: Wie ist es, in Armut aufzuwachsen? Die erste gehörlose Abgeordnete zu sein? Wie können wir Rassismus und Sexismus bekämpfen? Wie geht man mit Gewalt um und was braucht es, um in jeglicher Hinsicht mehr Gleichberechtigung in der Politik zu erlangen?

Zu Wort kommen Frauen, die schon Jahrzehnte in der Politik vertreten sind. Rita Süssmuth, Bundestagspräsidentin a. D.

(CDU) berichtet davon, was es bedeutet, jahrzehntelang in der Politik engagiert zu sein und welche Rolle Netzwerke spielen. Henriette Reker schreibt von ihren Erfahrungen als parteilose Oberbürgermeisterin in Köln. Was bedeutet es, als schwarze Frau im ländlichen Raum im Osten Politik zu machen? Darüber berichtet Doreen Denstädt (Bündnis 90/Die Grünen) als ehemalige Thüringer Ministerin für Migration, Justiz und Verbraucherschutz. Mit Ye-One Rhie, MdB (SPD), und der ehemaligen Bundesvorsitzenden der Grünen Jugend Sarah-Lee Heinrich sind wir über Rassismus in der Gesellschaft und in der Politik ins Gespräch gekommen. Durch Serap Güler, MdB (CDU), erfahren wir, welche Rolle Klassismus und die soziale Herkunft spielen. Sheyda Weinrich gibt einen Einblick in den Paritätsdiskurs und Wortkünstlerin und Aktivistin Jessy James LaFleur behandelt das Thema persönlich und poetisch. Was Hate-Speech mit Menschen machen kann, schildert die Politikerin Karoline Preisler (FDP) anhand eigener Erfahrungen. Beiträge über Beeinträchtigungen liefern die erste gehörlose Abgeordnete im Bundestag, Heike Heubach, MdB (SPD), und Katrin Münch (FDP) über ihren politischen Alltag als Autistin. Gleich mit drei Frauen sind wir zum Thema »Junge Leute in der Politik« ins Gespräch gekommen: Onyeka Oshionwu, ehrenamtliche Bürgermeisterin für die Grünen in Göttingen, Eileen O'Sullivan (VOLT), Dezernentin in Frankfurt am Main, und Laura Staudacher (FDP). Ein weiteres Interview durften wir mit den Bundestagsabgeordneten Dr. Paula Piechotta (Bündnis 90/Die Grünen) und Anke Domscheit-Berg (Die Linke) zum Thema mentale Gesundheit führen. Autorin und Aktivistin Sarah Zöllner ergänzt diesen Sammelband mit einem Beitrag zum Thema Vereinbarkeit. Und mit Tessa Ganserer, MdB (Bündnis 90/Die Grünen), diskutieren wir die Erfahrungen als eine der ersten trans Frauen im Bundestag.

Die Politik ist oft von Konformität geprägt, doch gerade die »Andersartigkeit« ist es, die sie bereichern kann. Gerade deswegen ist es uns wichtig, verschiedene Frauen zu verschiedenen Themen zu Wort kommen zu lassen: Frauen mit und ohne Migrationsbiografie, mit Ost- und Westherkunft, mit und ohne Beeinträchtigung. Denn die Frauen, die in diesem Sammelband zu Wort kommen, sind von ihren Werten und Vorstellungen unterschiedlicher, als es auf den ersten Blick erscheint. Doch was sie eint, ist, dass sie zur politischen Vielfalt beitragen. Alle auf ihre eigene Art und Weise.

Es ist uns als Herausgeberinnen ein besonderes Anliegen, diese Vielfalt zu präsentieren, ohne dabei einen einheitlichen Konsens zu erwarten oder zu erzwingen. Die Autorinnen dieser Beiträge vertreten unterschiedliche Ansichten, die in ihren jeweiligen Kontexten und aus ihren spezifischen Erfahrungen heraus entstanden sind. Ebenso haben wir als Herausgeberinnen unterschiedliche Standpunkte und Ansichten zu den behandelten Themen. Diese Diversität betrachten wir als Stärke dieses Sammelbandes.

»Liebe Kolleg:innen, heute schreiben wir Geschichte. Noch nie war ein deutsches Parlament so vielfältig und inklusiv wie dieses. Ich freue mich, Ihnen mitteilen zu können, dass wir zum ersten Mal paritätisch besetzt sind.«

– auch das kann irgendwann eine Rede sein, vorgetragen von einer Ersten.

JESSY JAMES LaFLEUR

Jessy James LaFleur, gebürtige Ostbelgierin, Wortkünstlerin und Aktivistin, bringt seit über 20 Jahren ihre gesellschaftskritische Poesie auf internationale Bühnen. Als Gründerin der mehrfach ausgezeichneten »Spoken Word Akademie« schafft sie Räume für junge Menschen im ländlichen Osten Deutschlands, um sich durch Poesie und Kulturprojekte gegen den Rechtsruck und soziale Ungerechtigkeit zu engagieren. Ihre Arbeit vereint persönliche Geschichten über ihr Nomadinnen-Dasein, Mut und Reflexion und nutzt Sprache als Werkzeug des Widerstands und der Empathie – eine kraftvolle Stimme für Feminismus, Demokratie und Vielfalt in einer polarisierten Welt.

Foto: privat

PARITÄT JETZT!

Ich bin neun Jahre alt und will Klassensprecherin werden. Man gendert noch nicht, obwohl gleich zwei Mädchen zur Wahl stehen, und trotz schlechter Umfragequoten bin ich eine von ihnen. Heute Morgen bin ich aufgestanden, um nicht aufzugeben.

In meiner Ansprache fordere ich Unabhängigkeit von strengen Lehrplänen und autoritären Lehrern, mehr Mitspracherecht und eine fairere Bewertung. Viele lange Stunden habe ich meine Argumente im Kinderzimmer auswendig gelernt und stehe nun feuerentflammt vor meinen Mitschüler*innen, die sich müde auf den Bänken krümmen.

Am Ende wird die Auszählung gegen mich sprechen. In der Urne liegt nur eine einzige Stimme.

Damals lernte ich, dass eine Mitgliedschaft in coolen Mädchencliquen, Anbiederungsmaßnahmen oder Lügengeschichten verpflichtend sind für den schulpolitischen Erfolg und dass alles, was ich bin, niemals ausreichen würde. Noch heute habe ich Angst davor, niemals zu genügen.

Ich bin neun Jahre alt und hänge meine politische Karriere an den Nagel. Was wir häufig vergessen, ist, welches Ausmaß ein einziger Tag auf ein ganzes Leben haben kann. Denn wer weiß, wie es gelaufen wäre, hätte die Lehrerin im Anschluss etwas Ermutigendes gesagt. Wer weiß, wie es gelaufen wäre, hätten die Jungs nicht laut gelacht. Wer weiß, wie es gelaufen wäre, hätte meine Mutter mich ermuntert, weiterzumachen, und nicht gesagt: »Mädchen ecken nicht an, Mädchen sollen gefallen.«

Ich habe nie über meinen Platz in der Gesellschaft nachgedacht. Politik war für mich stets ein arrangierter Paartanz zwischen

Lobbyisten und fragwürdigen Männern, und wenn eine Frau den Sprung auf höhere Plätze schaffte, wurde sie wenig später für ihr Outfit und Verhalten in den Medien zutiefst verachtet.

»Kenn ich alles!«, habe ich gedacht. Der Teenager in mir hat die wenigen weiblichen Figuren nie hinterfragt, weil es nie hinterfragt wurde, nicht von meinen Freunden und gewiss nicht die Schule.

»Demokratie« – das war etwas, das zwar gelehrt wurde – auf dem Papier, aber nie an der Wahlurne. Woher soll ich auch wissen, wie man Missstände ändert, wenn man mir nur Märchen erzählt, aber nie von starken Frauen? Man stelle sich vor, ich hätte andere Geschichten gehört, wie:

Es war einmal … 1918 und die Klassensprecherwahl liegt noch in weiter Ferne. Am 12. November geht es nicht um politische Ämter oder Ruhm, es geht um das winzige Recht, sich einzubringen. Mehr als die Hälfte Deutschlands will endlich mitbestimmen.

Es ist 1919 und meine feurige Ansprache ist noch längst nicht verfasst. Zum ersten Mal spricht eine weibliche Abgeordnete im deutschen Reichstag, zum ersten Mal wird das Wort »Dame« im politischen Kontext überhaupt genannt.

Es ist 1933 und alles, wofür die Frauen der Weimarer Republik gekämpft haben, wird ihnen aberkannt – der Anfang eines langen, sehr langen Kampfes.

Häufig vergessen wir, welches Ausmaß ein einziger Tag auf ein ganzes Leben nehmen kann. Und wer weiß, wie es gelaufen wäre, hätten die Nazis aus starken Frauen mehr gemacht als Mütter und Hausfrauen. Wer weiß, wie es gelaufen wäre, hätten die Männer nicht laut gelacht. Wer weiß, wie es gelaufen wäre, hätten Frauen niemals angeeckt, sondern immer nur gefallen.

Es wäre nichts gelaufen!

Es ist 1949, und im Grundgesetz steht endlich, dass Männer und Frauen gleichberechtigt sind – natürlich nicht ohne Widerstand. Das weibliche Geschlecht war schließlich irrelevant und schwach. Ja, man! Mein Geschlecht ist seit Tausenden von Jahren so unglaublich »schwach«, damit Männer sich endlich einmal stark fühlen dürfen, und beim Wort »Feminismus« ertönen stets dieselben genervten Seufzer. Noch bevor ich Männern erzählen darf, dass es eine Zeit gab, in der ich keinen Führerschein machen durfte. Eine Zeit, in der ich gesetzlich gehorsam sein sollte, eine Zeit ohne eigenes Konto, ohne Gehalt. Eine Zeit, in der mein Mann Geschlechtsverkehr einfordern konnte, notfalls mit Gewalt. Eine Zeit, in der es okay war, Frauen wie Objekte zu behandeln.

Und dann höre ich dich sagen, dass du das alles nicht wusstest, weil du dich in deinem ganzen Leben als Mann nie damit auseinandersetzen musstest.

Welch ein Luxus es doch ist, die Geschichte der anderen Hälfte einfach auszublenden, weil sie »zu weit in der Vergangenheit liegt«. Dann lass mich dir erzählen:

… von 1957, als neue Gesetzestexte das Narrativ der braven Hausfrau beendeten. Eine Zeit, die nicht im tiefsten Mittelalter, sondern in greifbarer Nähe liegt. Eine Zeit, in der unsere Omas lebten, vielleicht sogar unsere Mütter. Frauen, die sich fragten, wann diese Unterdrückung endlich endet.

Es ist 1997, als Vergewaltigung in der Ehe verboten wird. Noch 25 Jahre zuvor raunt gehässiges Gelächter durch den Plenarsaal, und auch ein Friedrich Merz stimmt gegen den Gruppenantrag.

Also sag mir noch mal, dass der Kampf um Gleichberechtigung nicht nötig ist. Es liegt in meiner DNA, das Unmögliche umzusetzen. Jede vergangene Träne und jeder verdampfte Schweißtropfen sind Teil meiner Genetik, weil so viele Schwestern vor mir aneckten, um für ihre Grundrechte zu kämpfen. Und solange meine Stimme in der Politik als zweitklassig gilt, leben wir nicht in einer Demokratie. Demokratie funktioniert nur, wenn nicht allein Männer mein Leben, meine Rechte, meine Möglichkeiten dirigieren.

Es ist 2025, und auch wenn meine politische Karriere noch am Nagel hängt, ist es heute meine Aufgabe, die nächste Generation von Frauen zu mobilisieren. Weil sie immer noch die gleichen Dinge frustrieren: derselbe Sexismus, die Angst vor dem Heimweg bei Nacht, die Angst vor einem selbstbestimmten Körper, die Sorge, immer anzuecken und nie zu gefallen. Ich könnte in Tränen ausbrechen, weil ich diese Ohnmacht so gut kenne, das Gefühl der Machtlosigkeit, weil man nie mit uns, sondern nur über uns entscheidet.

Auch ich kämpfte einst allein, weil ich es nie anders gelernt hatte. Ich kämpfte, noch bevor ich das Wort »Feminismus« kannte, und heute kämpfe ich gemeinsam mit allen anderen, die an dieselbe geschlechtergerechte Zukunft glauben und Chancengleichheit mitgestalten.

Denn am Weltfrauentag kann ich mir selbst Blumen schenken. Ich kann mir Grußkarten schreiben und bin mein eigenes Dinner-Date. Ich brauche keinen Mann, der die Rechnung übernimmt, ich brauche einen Mann, der mir auf Augenhöhe begegnet. Denn wisst ihr: Ich will euch keine Macht entreißen, ich möchte euch nicht aus den Parlamenten schmeißen – ich will die Plätze mit euch teilen.

Und deswegen brauchen wir ein paritätisches Wahlgesetz. Die Vergangenheit hat gezeigt, wie wichtig es ist, die Rechte von Frauen in Artikeln und Paragrafen festzuhalten, weil sonst der Stillstand zurückkehrt und die letzten 100 Jahre umsonst waren.

Jeder Feminist ist ein Gewinn, aber ich will nicht warten, bis man mich irgendwann auf Wahllisten unterbringt oder mich aus »Not am Mann« zur Spitzenkandidatin ernennt. Ich will nicht darauf warten, dass Medien mich toll finden, oder darauf angewiesen sein, dass Frauen auch untereinander solidarisch sind. Glaubt mir; coole Mädchencliquen sind nicht nur auf Schulhöfen so ein Ding und ich wünsche mir so sehr, dass endlich ein neues Zeitalter des weiblichen Füreinanders beginnt.

Deswegen rufe ich: Parität, jetzt!

Für alle Frauen und für das neunjährige Mädchen, das heute noch in mir brennt, das damals schon groß war und heute stolz auf mich wäre, könnte sie mich heute sehen.

Der Kampf um Gleichberechtigung ist ein bedingungsloser, weil wir nie wissen, ob wir die Früchte unserer Arbeit je kosten dürfen. Und trotzdem machen wir weiter – nicht für uns, sondern für alle neunjährigen Mädchen, die in 100 Jahren selbstverständlich die Welt bewegen und sich politisch vertreten fühlen, weil der Bundestag zu mindestens 50 Prozent aus Frauen und zu 50 Prozent aus Männern besteht.

Liberté, Egalité, Parité.

Anecken für einen Weg, den wir nicht allein, sondern gemeinsam gehen, weil Demokratie nur funktioniert, wenn wirklich alle mitreden.

SHEYDA WEINRICH

Sheyda Weinrich studierte Rechts- und Bildungswissenschaften mit den Schwerpunkten Kriminologie und Soziologie. Ihre Laufbahn ist geprägt von langjähriger politischer Bildungs- und Lobbyarbeit für Frauen- und Geschlechterthemen sowie in der Antisemitismusprävention. Als Referentin für nationale Gleichstellungspolitik beim Deutschen Frauenrat (DF), dem größten frauenpolitischen Dachverband Deutschlands, verantwortete sie das Themenfeld »Repräsentanz von Frauen in Politik und Wirtschaft«. Von 2018–2021 entwickelte sie die DF-Kampagne #MehrFrauenindie-Parlamente, die bundesweit eine breite Unterstützungswelle für »Parität« ins Rollen brachte und politische Initiativen anstieß. Als Referentin im Leitungsstab der Bundesstiftung Gleichstellung führt sie ihre fachliche Arbeit auf diesem Feld fort und vertritt die Stiftung in der Initiative #ParitätJetzt.

Foto: Barbara Dietl

FRAUEN IN DER POLITIK – MEHR AUSNAHME ALS REGEL

Die politische Partizipation von Frauen hat in den letzten Jahrzehnten erhebliche Fortschritte gemacht. Doch während die Erwerbsbeteiligung und das Bildungsniveau von Frauen konstant gestiegen sind, bleibt ein auffälliges Ungleichgewicht in der politischen Beteiligung weiter bestehen – auf allen Ebenen, von den kommunalen Parlamenten bis in den Bundestag. Seit 1919, dem Jahr, in dem Frauen in Deutschland erstmals das aktive und passive Wahlrecht erhielten, gab es in keinem Parlament eine Vertretung von Frauen und Männern zu gleichen Anteilen, geschweige denn jemals eine weibliche Mehrheit. Diese Ungleichheit ist nicht nur ein historisches Relikt, sondern eine anhaltende Realität, die unsere demokratischen Grundwerte infrage stellt. Wie kann es sein, dass dieser Zustand gesellschaftlich so anhaltend als normal betrachtet wird und hingenommen wird, dass Frauen strukturell weniger politische Macht erhalten als Männer? Wie können Frauen künftig stärker in die Politik eingebunden werden und was hat die Forderung nach »Parität« damit zu tun?

WAS ALS HISTORISCHES RELIKT NOCH ÜBRIG IST

Seit 1919 bis in die frühen 1980er Jahre lag der Frauenanteil im Deutschen Bundestag durchgängig bei weniger als zehn Prozent. Erst Ende der 1990er Jahre kletterte der Anteil erstmals auf 30 Prozent, erreichte 2013 einen Höchststand von 37 Prozent und sank danach wieder. Seit der Bundestagswahl 2021 liegt er bei

35,8 Prozent. In den Landesparlamenten bewegt sich der Anteil zwischen knapp 44 Prozent (Hamburg) und nur 24 Prozent (Rheinland-Pfalz). Bei den kommunalen Mandatsträgerinnen liegt der durchschnittliche Anteil bei circa 30 Prozent. Und mit nur rund zehn Prozent (Ober-)Bürgermeisterinnen liegt 90 Prozent der kommunalen Regierungsverantwortung bei Männern. Beim Engagement in den Parteien zeigen sich ebenso erhebliche Unterschiede. Während Bündnis 90/Die Grünen den höchsten Frauenanteil von 42 Prozent in ihren Reihen verzeichnen, bildet die AfD mit 19 Prozent das Schlusslicht.

Woran liegt das? Die geringe Teilhabe von Frauen in der Politik hat strukturelle, kulturelle und soziale Ursachen. Historisch gewachsene und tradierte Rollenmuster, die Männer mit öffentlicher Macht und Frauen mit privater familiärer Verantwortung verbinden, wirken bis heute nach. Diese Stereotype beeinflussen nicht nur Karriereentscheidungen, sondern prägen auch die innerparteiliche Kultur und erschweren Frauen strukturell insbesondere den »Zugang« zu politischen Mandaten.

Strukturelle Hürden

Frauen sind in Parteien seltener vertreten und werden oft bei der Besetzung aussichtsreicher Positionen übergangen. Besonders bei der Aufstellung von Direktmandaten, die eine starke innerparteiliche Vernetzung und intensive Wahlkampfressourcen erfordern, schneiden Frauen schlechter ab. Hinzu kommen zeitliche und finanzielle Belastungen: Frauen übernehmen noch immer den Großteil der unbezahlten Sorgearbeit, verdienen oft weniger als Männer und haben daher weniger Mittel und Möglichkeiten, sich politisch zu engagieren.

Kulturelle Barrieren

Innerparteiliche Machtstrukturen und männlich geprägte Kulturen erschweren Frauen den Aufstieg. Sexismus, Diskriminierung und die Reduktion auf »weibliche Themen« wie Familie oder Soziales schmälern nicht nur das Selbstvertrauen, sondern auch die Chancen von Frauen, einflussreiche Positionen zu übernehmen. Untersuchungen zeigen, dass Frauen vor allem dann aufgestellt werden, wenn ein Mandat als wenig aussichtsreich gilt – ein deutliches Indiz für die systematische Benachteiligung von Frauen.

Hass und Hetze

Erst mal im Amt, sind Frauen massiven Angriffen ausgesetzt. Gewaltandrohungen, sexistische und rassistische Angriffe stellen ein gravierendes Problem dar, das weit über persönliche Anfeindungen hinausgeht. Umfragen zufolge erleben allein 70 Prozent der weiblichen Bundestagsabgeordneten frauenfeindlichen Hass. Dabei gehören Sätze, wie »Geh doch zurück an den Herd« noch zu den harmlosen Ausbrüchen. Diese Angriffe zielen oft auf das Geschlecht, die ethnische Herkunft oder andere Identitätsmerkmale ab und haben das Ziel, Frauen zu diffamieren, einzuschüchtern und aus der öffentlichen Debatte zu verdrängen. Die permanente Konfrontation mit Hass, Gewalt und Diskriminierung wirkt abschreckend auf viele potenzielle Kandidatinnen, ein politisches Amt anzustreben. Insbesondere Frauen aus marginalisierten Gruppen sind von den teils systematischen Angriffen doppelt betroffen. Dies führt nicht nur zu einem geringeren Anteil weiblicher Repräsentation, sondern schadet auch der Demokratie insgesamt, in dem es die Vielfalt und die Legitimität politischer Entscheidungsprozesse einschränkt.

Sheyda Weinrich

WARUM DIE DISKUSSION UM PARITÄTSGESETZE DRINGEND NÖTIG IST

Seit einigen Jahren wird in Bund und Ländern vermehrt über die Einführung von Paritätsgesetzen diskutiert, womit Parteien bei der Aufstellung ihrer Kandidaturen gesetzlich verpflichtet werden sollen, Listenplätze und Direktmandate zu 50 Prozent jeweils an Frauen und Männer (Parität) zu verteilen. Damit soll eine gleichberechtigte Repräsentanz von Frauen und Männern in Parlamenten hergestellt werden.

Tatsächlich beruht der Grund für den Anstieg des Frauenanteils in den 1990er Jahren maßgeblich auf freiwillig eingeführten Quotenregelungen der Parteien Bündnis 90/Die Grünen, SPD und DIE LINKE. Ohne diese 40–50 Prozent Frauenquoten würde der Frauenanteil in allen Parlamenten auch heute deutlich niedriger ausfallen. Und obwohl es nun einige Jahre der Aufwärtsbewegung gab, sinken die Zahlen in einigen Parlamenten wieder ab. Wenn Parteien wie die AfD und das BSW, die keine Quotenregelungen verfolgen und gleichstellungspolitische Ziele ablehnen, an Einfluss gewinnen, sinkt die Wirksamkeit entsprechender Maßnahmen. Grünen, SPD und Linken fehlen zunehmend Sitze, die den Frauenanteil in den Parlamenten erhöhen. Der Effekt war zuletzt deutlich erkennbar nach den Landtagswahlen in Brandenburg, Thüringen und Sachsen (2024), und auch bei der Bundestagswahl 2025 ist ein Rückgang des Frauenanteils zu erwarten.

Die von der CDU 2022 eingeführte Quote zur stufenweisen Erhöhung des Frauenanteils auf 50 Prozent bis 2025 wird den Effekt sehr wahrscheinlich nicht ausgleichen können, da sie für die Aufstellung der Listenkandidaturen gilt und die meisten Kandidat*innen der CDU (und CSU), anders als bei den oben genannten Parteien, über Direktmandate in die Parlamente einziehen.

Soll also sichergestellt sein, dass die Repräsentanz von Frauen nicht nur von Wahlergebnissen abhängig ist, müssen Wege gefunden werden, eine gesetzlich gesicherte paritätische Repräsentanz von Frauen und Männern einzuführen. Thüringen und Brandenburg verabschiedeten 2019 entsprechende Gesetze, die jedoch von den Landesverfassungsgerichten wieder gekippt wurden. Kritiker*innen argumentieren, Paritätsgesetze verstießen gegen die im Grundgesetz verankerte Parteienfreiheit und die Wahlrechtsgrundsätze. Befürworter*innen hingegen sehen in Artikel 3 Absatz 2 Satz 2 des Grundgesetzes, der den Staat verpflichtet, die tatsächliche Durchsetzung der Gleichberechtigung von Frauen und Männern zu fördern und bestehende Nachteile zu beseitigen, eine klare Grundlage für gesetzliche Paritätsregelungen. Das Bundesverfassungsgericht stellte 2021 grundlegend fest, dass Paritätsgesetze verfassungsrechtlich möglich seien, der Gesetzgeber bei der Gestaltung dieser einen weiten Spielraum habe, und lieferte ihm sogar Umsetzungshilfen mit. In einer vom Bundestag eingesetzten Kommission zur Wahlrechtsreform wurden 2023 verschiedene Wege diskutiert und Vorschläge für Paritätsregelungen vorgelegt. Umgesetzt wurden sie bislang nicht.

PARITÄT UND DEMOKRATIE

Warum ist die Forderung nach Geschlechterparität in Parlamenten vor allem eine Frage der demokratischen Legitimation? Parlamente sind die Orte, an welchen das Land politisch wie gesellschaftlich gestaltet wird. Sie sind das Herzstück einer parlamentarischen Demokratie. Frauen und Männer müssen die gleichen Zugangschancen erhalten und gleichberechtigten Einfluss auf staatliches Handeln nehmen können, um überhaupt mitgestalten zu können. Das ist essenziell für die demokratische Teilhabe aller Bürger*innen und ihre Interessensvertretung. Studien zeigen, dass diverse Gremien differenziertere Perspektiven in Entscheidungsprozesse einbringen und somit eine ausgewogenere Politik ermöglichen können. Zwar machen mehr Frauen in den Parlamenten nicht zwangsläufig auch mehr gleichstellungsorientierte Politik, Frauen und Männer haben jedoch unterschiedliche Lebenserfahrungen, die sich in politischen Prioritäten niederschlagen. Beispiele aus der Vergangenheit zeigen, dass eine Stärkung von Frauenrechten und eine Verbesserung der Lebenssituation von Frauen insbesondere dann erreicht werden konnten, wenn sich die wenigen weiblichen Abgeordneten im Bundestag fraktionsübergreifend zusammenschlossen, um notwendige Reformen anzustoßen, z. B. bei der Neuregelung des Schwangerschaftsabbruchs (1992), bei der Beseitigung der Straffreiheit der Vergewaltigung in der Ehe (1997) oder bei der Einführung des Prinzips »Nein heißt Nein« im Sexualstrafrecht (2016). Auch die Paritätsdebatte beschäftigte die Wahlrechtskommission des Deutschen Bundestags 2023 erst aufgrund des Drucks eines interfraktionellen Bündnisses weiblicher Abgeordneter und des Engagements der weiblichen Zivilgesellschaft. Ähnlich ist das auch bei der fraktionsübergreifenden Initiative zur Neuregelung des Schwangerschaftsabbruchs (2024) und dem Einsatz für das Gewalthilfegesetz (2024) zu beobachten.

Geschenkt wurde Frauen nie etwas, sie mussten sich ihre Rechte, Freiheiten und ihren Schutz immer erst erkämpfen. Insoweit ist eine gleichberechtigte Beteiligung von Frauen in politischen Machtpositionen nicht nur eine Frage der Gerechtigkeit und der Qualität demokratischer Entscheidungen, sondern auch ein Umstand, der ganz konkrete Auswirkungen auf die Gestaltung gesetzlicher und gesellschaftlicher Rahmenbedingungen hat, in denen Mädchen und Frauen groß werden und leben.

ANDERE LÄNDER GEHEN VORAN

Im globalen Ranking weiblicher Anteile in nationalen Parlamenten fällt Deutschland mit Platz 15 in der EU und Platz 47 international weit zurück. Und was hierzulande mit Widerstand diskutiert wird, ist woanders längst normal. Viele Länder sorgen mit gesetzlichen oder parteiinternen Quotenregelungen für einen höheren Frauenanteil. EU-Spitzenreiter sind die skandinavischen Länder mit um die 47 Prozent Frauen in ihren nationalen Parlamenten. Auch andere europäische Länder wie Belgien, Frankreich, Griechenland, Irland, Italien, Kroatien, Polen, Portugal, Slowenien und Spanien haben gesetzliche (Mindest-)Quoten oder Paritätsgesetze eingeführt. Letzteres etwa seit 2001 in Frankreich für die Aufstellung der Kandidaturen bei Kommunal- und Regionalwahlen sowie bei den Nationalwahlen. Der Frauenanteil im französischen Parlament stieg seither auf bis zu 40 Prozent an. Gleichberechtigung ist in einigen dieser Länder historisch auf vielen gesellschaftlichen Ebenen selbstverständlicher verankert als in Deutschland, und das zeigt sich auch in den politischen Entscheidungen. Im weltweiten Durchschnitt liegt der Frauenanteil in Parlamenten übrigens nur bei 27 Prozent.

WEGE ZU MEHR FRAUEN IN DER POLITIK

Um politische Macht besser zu verteilen und die Repräsentanz von Frauen in politischen Ämtern zu erhöhen, ist ein Bündel an Maßnahmen notwendig:

Strukturelle Veränderungen

Dazu gehören familienfreundlichere Sitzungszeiten, die Überwindung der Lohnlücke zwischen Frauen und Männern, um finanzielle Ressourcen anzugleichen, und transparente Nominierungsverfahren.

Kultureller Wandel

Parteien müssen sexistische Strukturen bekämpfen und Frauen aktiv fördern – nicht nur in »klassischen« Themenfeldern, sondern in allen Bereichen der Politik.

Rechtliche Regelungen

Parteiinterne Quotenregelungen und Paritätsgesetze sind ein wichtiger Hebel, um die strukturelle Benachteiligung von Frauen zu überwinden. Schutzlücken bei Hass und Hetze gegen Politiker*innen, ob auf den Straßen, im Netz oder in den Parlamenten, müssen geschlossen werden.

Bildungs- und Sensibilisierungsarbeit

Langfristig gilt es, traditionelle Rollenbilder zu hinterfragen und junge Frauen zu ermutigen, politische Verantwortung zu übernehmen. Dafür müssen Programme, die parteiübergreifend zur Förderung von Frauen auf der kommunalen Ebene beitragen, verstetigt und insbesondere in Regionen mit abnehmenden Frauenanteilen in politischen Ämtern verstärkt eingesetzt werden.

Die Beseitigung jeglicher Form von Diskriminierung ist staatlicher Auftrag und grundrechtlich verankert. Parlamente sind der Ort, an dem Entscheidungen für die gesamte Gesellschaft getroffen werden. Die Hälfte der deutschen Bevölkerung ist weiblich. Wenn Frauen hier nicht gleichberechtigt vertreten sind, bleibt das Potenzial einer vielfältigen Demokratie ungenutzt. Es ist an der Zeit, verbliebene Barrieren zu überwinden und eine gerechte und ausgewogene Repräsentanz zu erreichen – Frauen in der Politik von der Ausnahme zur Regel zu machen. Gesellschaftlicher Wandel braucht Vorbilder, politische Rahmenbedingungen und die aktive Mitgestaltung aller. Nur so wird es möglich sein, eine wirklich gleichberechtigte politische Teilhabe von Frauen und Männern zu verwirklichen und die Interessen der gesamten Bevölkerung angemessen zu vertreten.

QUELLEN

Bundeszentrale für politische Bildung (2022): Die soziale Zusammensetzung der Parteimitgliederschaften: https://www.bpb.de/themen/parteien/parteien-in-deutschland/zahlen-und-fakten/140358/die-soziale-zusammensetzung-der-parteimitgliederschaften/. (Abruf: 25.11.2024).

BVerfG – Bundesverfassungsgericht (2020): Beschluss des Zweiten Senats vom 15. Dezember 2020 – 2 BvC 46/19 -, Rn. 1–120. (Abruf: 25.11.2024).

Helene Weber-Kolleg (o. J.): Frauen Macht Politik. Daten und Fakten: https://www.frauen-macht-politik.de/daten-fakten. (Abruf: 25.11.2024).

IPU Parline (2024): Monthly ranking of women in national parliaments. Global data on national Parliaments 1st. November 2024: https://data.ipu.org/women-ranking/. (Abruf: 27.11.2024).

IPU Parline (2024): Global and regional averages of women in national parliaments: https://data.ipu.org/women-averages/. (Abruf: 27.11.2024).

McKinsey (2018): Delivering Through Diversity: https://www.mckinsey.com/capabilities/people-and-organizational-performance/our-insights/delivering-through-diversity. (Abruf: 29.11.2024).

Riede (2023): Diversität als demokratische Intervention. Die Vermittlung von Vielfalt und egalitärer Teilhabe und ihre Kritik: https://link.springer.com/article/10.1007/s41358-023-00354-6. (Abruf: 29.11.2024).

SPIEGEL-Umfrage unter Parlamentarierinnen (2021): Frauenfeindlichkeit im Bundestag durch AfD gestiegen: https://www.spiegel.de/politik/deutschland/bundestag-frauenfeindlichkeit-durch-afd-gestiegen-a-4c8c425c-6b08-4ac5-b049-61ad65d1240c. (Abruf: 27.11.2024).

Statista (2023): Europäische Union: Frauenanteil in den nationalen Parlamenten der EU-Mitgliedstaaten im Jahr 2023: https://proxy.parisjc.edu:8300/statistik/daten/studie/1110105/umfrage/frauenanteil-in-den-nationalen-parlamenten-der-eu-laender/. (Abruf: 29.11.2024).

Weinrich (2024): Repräsentanz und Teilhabe von Frauen in der Politik: https://www.bundesstiftung-gleichstellung.de/static/8e93126b4c30aa5f1b0b0479d7d1b9b6/Repraesentanz-und-Teilhabe-von-Frauen-in-der-Politik-Langfassung-1.pdf. (Abruf: 27.11.2024).

Weinrich (2018): Vom Wahlrecht zur Parität – der steinige Weg in die Parlamente. In: djbZ 3/ 2028: https://www.frauenrat.de/wp-content/uploads/2018/11/djbZ_3-2018_Weinrich_Parität.pdf. (Abruf: 29.11.2024).

SABINE LEUTHEUSSER-SCHNARRENBERGER

Sabine Leutheusser-Schnarrenberger ist Juristin, zweimal übte sie das Amt der Bundesjustizministerin aus (1992–1996 und 2009–2013) und gehörte dem Deutschen Bundestag 23 Jahre lang von 1990 bis 2013 an. Seit 2002 ist sie Kreisrätin im Landkreis Starnberg. Sie ist stellv. Vorsitzende der Friedrich-Naumann-Stiftung für die Freiheit und stell. Vorsitzende der Theodor Heuss Stiftung. Von 2019 bis 2023 war sie ehrenamtliche Richterin beim bayerischen Verfassungsgerichtshof. Von 2018 bis 2024 übte sie ehrenamtlich das Amt der Antisemitismusbeauftragten des Landes Nord-rhein-Westfalen aus. Sie leitet den Rat der Agora Digitale Transformation der Stiftung Mercator, ist im Beirat der Sebastian Cobler Stiftung und der Postcode Lotterie. Ihre politischen Schwerpunkte sind bis heute die Verteidigung der Grund- und Freiheitsrechte, wenn es sein muss auch bis zum Bundesverfassungsgericht, und der Demokratie. Sie erhielt das Bundesverdienstkreuz 1. Klasse der Bundesrepublik Deutschland, den Verdienstorden des Freistaates Bayern sowie mehrere Datenschutzpreise.

Foto: Florian Gaertner

»ES MACHT EINEN UNTERSCHIED, WENN ES FRAUEN SIND«

Im Interview spricht Sabine Leutheusser-Schnarrenberger über ihre prägende Zeit als erste Frau im Amt der Bundesjustizministerin. Sie erzählt von bedeutenden politischen Reformen, wie der Abschaffung des Paragrafen 175 und der Einführung der Strafbarkeit von Vergewaltigung in der Ehe. Wie gestaltete sich ihr Einsatz für Frauenrechte, die Wahrung der Demokratie und die Stärkung des Rechtsstaats in einer zunehmend polarisierten politischen Landschaft? Welche Rolle spielen überparteiliche Frauennetzwerke, die sie auch maßgeblich gefördert hat? Leutheusser-Schnarrenbergers Engagement und ihre Visionen haben die politische Landschaft nachhaltig geprägt.

In unserem Buch geht es um Pionierinnen – Frauen, die Neuland betreten und sich mit Leidenschaft für ihre Themen einsetzen. Auch Sie zählen dazu, als erste Frau an der Spitze des Justizministeriums. Wie haben Sie diese Zeit erlebt?

Es war eine völlig unerwartete Situation für mich, ohne jegliche Vorbereitung, besonders in einer so turbulenten Zeit, in der alles innerhalb von 48 Stunden entschieden wurde. Mein Vorteil war, dass ich mich nicht so leicht einschüchtern lasse. Gerade als Frau war es damals besonders herausfordernd, weil wenige Frauen sich zutrauten, ein so hohes Amt zu übernehmen. Mir war klar, dass das Justizministerium ein Grundrechtsministerium ist, das die Verfassung und insbesondere die Grundrechte verteidigen muss. Mit diesem Selbstverständnis trat ich das Amt an.

Ich hatte das Glück, dass ich zuvor im Patentamt in München eine große Abteilung mit über 2000 Mitarbeitenden geleitet hatte. Ich wusste also, wie man mit großen Apparaten und komplexen Abläufen umgeht, und kannte auch das Ministerium von einer anderen Seite, da das Patentamt zum Geschäftsbereich des Bundesjustizministeriums gehört. Dies gab mir eine gewisse Orientierung. Zudem hatte ich in meiner ersten Amtszeit das Privileg, dass das Ministerium vorher von der FDP geführt wurde. So konnte ich auf eine gute Vertrauensbasis zu den Abteilungsleitern zurückgreifen und musste keine personellen Änderungen in der Leitungsebene vornehmen.

In meiner zweiten Amtszeit setzte ich jedoch den Grundsatz um: »Nur weil jemand nicht in der FDP ist, heißt das nicht, dass er kein guter Abteilungsleiter ist.« Ich habe mit Abteilungsleitern aus anderen Parteien genauso vertrauensvoll und loyal zusammengearbeitet. Sie brachten wichtige Netzwerke mit, die auf sozialer Ebene einen Mehrwert lieferten. Kompetenz und Qualifikation sind wichtiger als die Parteizugehörigkeit.

Wie wurden Sie ins Kabinett aufgenommen?

Im Kabinett wird man natürlich höflich und freundlich behandelt. Ich war nicht die einzige Frau. Bundeskanzler Helmut Kohl hat zwar nicht die Gleichberechtigung zu seinem Thema gemacht, aber er wusste, dass es nicht gut ankommt, wenn zu wenige Frauen im Kabinett sind – und vor allem keine Ostfrauen. Da war auch Angela Merkel, die zunächst für Frauen und Jugend verantwortlich war und später das Umweltministerium übernahm. Ebenso Hannelore Rönsch für Familien und Senioren und Irmgard Schwaetzer im Bauministerium. Es waren also mehrere Frauen vertreten, aber die meisten von ihnen gehörten natürlich der CDU an.

Man wird beäugt. Alle sind freundlich und nett. Aber ich hatte nicht das Gefühl, dass sie im Hinterkopf sagen: »Toll, dass die da ist. Die macht das bestimmt ganz erfolgreich!« Es gibt eher eine Distanz: »Kann die das überhaupt?« Und da muss man die ersten Monate einen gewissen Kompetenzeindruck vermitteln. Das ist mir gelungen.

Sie hatten es im Griff und haben viel bewegt und vorangetrieben. Auf welche zwei Maßnahmen oder Gesetze sind Sie besonders stolz?

Spontan fallen mir zwei Dinge ein: Die Abschaffung des Paragrafen 175, die in meiner ersten Amtszeit erfolgte. Damit endete die strafrechtliche Verfolgung von Homosexuellen, was auch gesellschaftlich eine sehr entscheidende Veränderung war.

Eine weitere, äußerst wichtige gesellschaftspolitische Veränderung war die Abschaffung der gesetzlichen Vormundschaft. Man muss sich vorstellen, dass eine alleinerziehende Frau automatisch unter Staatsvormundschaft stand, weil man ihr nicht zutraute, sich selbstständig um ihr Kind zu kümmern, und der Staat eingreifen müsse, um zu verhindern, dass das Kind vernachlässigt wird – ganz zu schweigen von den vielen überholten Vorstellungen, die dabei eine Rolle spielten. Jedenfalls spiegelte diese Haltung keineswegs die Idee der gleichberechtigten Teilhabe von Frauen in der Gesellschaft wider. Es ging dabei auch um die Begrenzung männlicher Dominanz. Beides war keineswegs selbstverständlich oder einfach.

Sie waren kurz nach der Deutschen Einheit im Amt und haben sich sehr mit dem beschäftigt, was Menschen im Osten betrifft.

Ich war viel in den ostdeutschen Bundesländern unterwegs, um mir ein Bild der Situation zu machen und mit den Menschen vor

Ort zu diskutieren. Es war eine sehr prägende Erfahrung und auch eine große Bereicherung. Ich erinnere mich auch an mehrere Tage, die ich mit Angela Merkel, damals noch Jugendministerin, unterwegs war. Wir haben uns die Situation in den Jugend- und Kultureinrichtungen angesehen, besonders in den Ballungsräumen, wo viele Einrichtungen nach der Einheit wegfielen.

Da wurde für rechtsextreme Gruppen wirklich Tür und Tor geöffnet. Viele Einrichtungen, die früher für Jugendliche zugänglich waren, existierten kaum noch, und die wenigen, die noch übrig waren, wurden oft von rechten Gruppen übernommen. Es kam zu Gewalt und Gewaltexzessen. Wir waren viel unterwegs, sprachen mit Jugendbetreuern, Engagierten und den Menschen in den Wohnanlagen, um herauszufinden, wie man dort etwas aufbauen konnte. Es war ein sehr spezifischer Gesetzgebungsprozess, der sich stark von den üblichen, theoretischen Ausarbeitungen unterscheidet. Man musste sich wirklich ein realistisches Bild der Situation vor Ort machen und Entscheidungen treffen, die auf einer fundierten Abwägung beruhten statt auf falschen Annahmen. Es war wichtig, dass man in diesem »Neuland«, das durch die Wiedervereinigung entstand, nicht nur das rechtliche Rahmenwerk betrachtete, sondern auch die Lebensrealitäten der Menschen.

Ich hatte zu dieser Zeit wirklich unglaublich engagierte Mitarbeiter, die sich sehr gut mit der Thematik auskannten. Einer von ihnen ist inzwischen BGH-Richter und brachte immer wieder überraschende Vorschläge ein. Doch oft passten diese punktuellen Ideen nicht ins große Ganze. Diese Gesetzgebungsprozesse, die die zwei sehr unterschiedlichen Gesellschaftsordnungen und Realitäten zusammenführen mussten, sind heute schwer vorstellbar. Es war eine der größten Herausforderungen meiner Amtszeit und beschäftigte mich zeitlich am meisten.

1993 gab es den missglückten Anti-Terror-Einsatz auf dem Bahnhof Bad Kleinen gegen zwei RAF-Mitglieder, Holger Grams wurde erschossen. Es gab viel aufzuklären, viele Ungereimtheiten. Innenminister Rudolf Seiters trat schnell zurück. Rechts- und Innenausschuss des Bundestags befassten sich kontinuierlich mit den Vorgängen, nahmen die Ereignisse von Anfang an unter die Lupe. Bundeskriminalamt und Generalbundesanwalt standen in der Verantwortung.

Diese Jahre von 1992 bis zu meinem Rücktritt 1996 waren wirklich herausfordernd. Ich habe gesehen, was solche Situationen von einem verlangen – auch körperlich, weil der Schlaf in solchen Zeiten oft zu kurz kam.

Mein Rücktritt vom Amt der Bundesjustizministerin wegen des Befassens mit dem sog. großen Lauschangriff, also dem heimlichen Abhören von Gesprächen in Privatwohnungen, war dann natürlich der tiefste Einschnitt. Ich konnte diesen massiven Grundrechtsverstoß nicht mittragen. Das Bundesverfassungsgericht hat mir 8 Jahre später Recht gegeben. Das Gesetz war nicht verfassungswidrig.

Mit Ihnen ist auch die Einführung der Strafbarkeit von Vergewaltigung in der Ehe verbunden. Welche Widerstände haben Sie dabei erlebt und wie ist es Ihnen gelungen, diese zu überwinden?

Es gab damals einen Spruch, der einem immer wieder entgegengebracht wurde: »Der Staatsanwalt hat in der Ehe zu Hause im Schlafzimmer nichts zu suchen.« Es herrschte keine einheitliche Meinung dazu in den Fraktionen. Immer wieder gab es Männer – und auch Frauen –, die sagten: »Muss das denn sein? Wir haben doch wichtigere Themen zu behandeln. Die Ehe ist doch nicht das Problem. Wenn eine Frau im Park überfallen wird, das muss natürlich bestraft werden.« Diese Haltung war wirklich eine völlig falsche Einschätzung der Situation. Man nahm die Lage der Frauen entweder nicht wahr oder wollte sie nicht wahrnehmen. Deshalb war dieses Thema so wichtig.

Und es war ein interfraktioneller Antrag aus dem Bundestag.

Ja, das war es wirklich. Es waren Rita Süssmuth für die CDU, ich selbst für die FDP, Ulla Schmidt für die SPD und Barbara Höll von der PDS. Wir haben zusammengearbeitet, und immer wieder kamen auch andere dazu. Wir hatten alle den Blick in unsere jeweiligen Fraktionen. Bei uns, auch in der FDP, waren die Frauen grundsätzlich dafür. Rita Süssmuth hatte es natürlich schwer. Sie wurde von anderen Frauen unterstützt, aber Helmut Kohl machte das Thema nicht zu seiner Priorität. Auch in der SPD waren nicht alle begeistert. Viele Männer konnten sich nicht vorstellen, dass das Wort »außerehelich« gestrichen werden sollte. Im ersten Teil der Debatte ging es ja besonders darum, die Strafbarkeit stark einzuschränken.

Es ging darum, dass eine Frau, die in der Ehe vergewaltigt wurde, den Antrag auf Strafverfolgung zurückziehen kann, wenn ein Versöhnungsangebot gemacht wird. Uns war jedoch klar, dass dies nur unter massivem Druck auf die Frau geschehen könnte und daher völlig inakzeptabel ist. Andere Abgeordnete sprachen sich für eine Widerspruchsregelung aus, wonach die Frau innerhalb einer bestimmten Frist der Strafverfolgung widersprechen könnte. Das war vollkommen abartig. Wir befanden uns in einer Situation, in der es Machtgefüge in der Ehe gab, und im Zweifel war auch die Beweislage schwierig. Ein häufiges Argument gegen das Gesetz lautete: »Man kann nicht beweisen, was passiert ist. Warum sollen wir das dann überhaupt tun?« Durch die Versöhnungs- oder Widerspruchsregelung hätte man wieder ein Hintertürchen geschaffen. Die Argumente, die vorgebracht wurden, waren teilweise sehr kreativ! Uns, den Befürwortern, ging es darum, Vergewaltigung – egal ob in der Ehe oder nicht – als Straftatbestand zu betrachten. Ich war mir zu diesem Zeitpunkt nicht ganz sicher, wie die Abschlussdebatte mit Abstimmung im Bundestag verlaufen würde – besonders, weil es sich um einen interfraktionellen Antrag zu einem entscheidenden gesellschaftspolitischen und strafrechtlichen Thema handelte, und nicht um einen Fraktionsantrag. Das war schon etwas Besonderes. Umso wichtiger war die Debatte im Bundestag, in der es darum ging, mit überzeugenden Argumenten zu gewinnen. Und es war wirklich eine gute Debatte, weil sehr grundlegend diskutiert wurde. Selbst aus dem konservativen Lager entschieden sich im Verlauf der Debatte einige Abgeordnete, dem Gesetzentwurf zuzustimmen. Ich habe das Gefühl, dass wir damals, im Vergleich zu heute, ein anspruchsvolleres Ringen mit wichtigen gesellschaftlichen Fragen hatten. Ich habe solche interfraktionellen Bündnisse sehr geschätzt. Es braucht viel mehr davon.

Wie kann man sich diese Zusammenarbeit konkret vorstellen?

Wir haben uns oft in verschiedenen Räumen getroffen, je nachdem, wer Zugang zum Bundestagspräsidium hatte. Die Fraktionsräume waren uns für solche Treffen verwehrt. Oft mussten wir uns in Restaurants oder Fluren treffen, ohne feste Termine – es war mehr eine spontane Absprache von einem Treffen zum nächsten. Dieses Bündnis entstand im Rahmen der Debatte zur Vergewaltigung in der Ehe und bestand bis zum Ende der Legislaturperiode 1998 weiter.

Nach der Vergewaltigungsdebatte nahmen wir uns zum Beispiel die Rentendebatte vor, insbesondere die Frage, wie Kinderbetreuungsleistungen und ähnliche Aspekte in die Rentenberechnung einfließen sollten – ein Thema, das damals bereits einige Verbesserungen brachte. Allerdings wurde es mit der Zeit schwieriger, da die Rentenfrage unglaublich komplex war. Bei der Vergewaltigungsdebatte hatten wir klare Ziele und eine starke Fokussierung, aber bei der Rentenfrage gab es viele Verästelungen. Zudem kamen unterschiedliche ideologische Vorstellungen aus den Parteien ins Spiel, auch wenn das Ziel unmissverständlich war: die Anerkennung der Leistungen von Frauen, insbesondere in der Rentenberechnung. Es war zu diesem Zeitpunkt nicht mehr möglich, ein gemeinsames Vorgehen zu entwickeln, das wir hätten einbringen können. Wir wären zudem vermutlich auch an unseren personellen Ressourcen und der nötigen Unterstützung gescheitert.

Politisch waren diese Gespräche für mich äußerst bereichernd, weil man hier andere Perspektiven kennenlernen konnte – in einem Rahmen ohne Presse und in dem sich niemand profilieren musste. Hier konnte man offen über Themen sprechen. Auch wenn jemand sagte: »Das kann ich nicht mittragen, das ist für mich nicht machbar«, wurde das ehrlich angesprochen. Diese Offenheit und das gemeinsame Ringen um Lösungen machten die Diskussionen wirklich wertvoll.

Wie groß war dieser Kreis?

Theoretisch hätten alle weiblichen Abgeordneten dabei sein können. Wir waren jedoch nur zehn oder zwölf, also ein ganz kleiner Kreis. Besonders wichtig war Rita Süssmuth. Bei ihr stand am meisten auf dem Spiel, weil Helmut Kohl nicht unbedingt ihr Unterstützer war. Sie hatten immer wieder Differenzen. Trotzdem wollte Kohl sie gerne als Bundestagspräsidentin sehen, aber als eine, die auch die Interessen der größten Fraktion besonders sieht. Sie war jedoch wirklich eine überzeugte Präsidentin des ganzen Bundestages – die Vertreterin der Abgeordneten.

Rita hat die Parlamentsrechte sehr deutlich gemacht und konsequent vertreten, was für sie eine große Herausforderung war. Ulla Schmidt hatte ebenfalls mit ihrem Themenfeld große Schwierigkeiten. Bei mir waren es vor allem die konservativen Teile meiner Fraktion, die nicht immer mit meinen Positionen übereinstimmten.

Auch nach meinem Rücktritt war es nicht so, dass alle begeistert waren, wenn ich mich wieder einbrachte. Manchmal hieß es: »Sie ist zurückgetreten. Sie hätte doch unsere Haltung durchsetzen müssen, auch wenn man anderer Meinung ist.« Das hat mir nicht nur Freunde eingebracht. Trotzdem glaube ich, dass es für mich insgesamt noch etwas leichter war. Wenn man in der Regierung ist, wird die Situation natürlich noch schwieriger. Rita Süssmuth war wirklich die wichtigste Person. Ohne sie hätte es diese überfraktionelle Zusammenarbeit wohl nicht gegeben. Aber nach 1998 wurde sie nicht fortgesetzt. Ich war dann noch lange im Bundestag, bis 2013.

Haben Sie nach 1998 versucht, dieses Bündnis zu reaktivieren?

Heute ist es kaum vorstellbar. Wenn ich mit manchen spreche, auch mit Frauen aus der FDP, schauen sie mich erstaunt an, wenn ich sage, dass man über solche Themen auch überfraktionell in Ruhe nachdenken und diskutieren muss. Ein Beispiel dafür ist das Thema Abtreibung. Es sollte nicht nur öffentlich diskutiert werden, mit der Frage: »Wer ist dagegen?«, sondern wir sollten sondieren: »Was können wir erreichen?« Denn bei diesem Thema besteht immer die Gefahr eines großen Rückschritts. Es ist ja nicht so, dass wir uns gerade in einer Zeit des gesellschaftlichen Fortschritts befinden. Im Gegenteil: Durch die AfD und auch durch andere Kräfte besteht immer die Gefahr, dass wir strengere Regelungen zulasten der Selbstbestimmung der Frauen bekommen.

Ich spreche aus der Perspektive der Zivilgesellschaft und sicherlich für viele, wenn ich sage, dass es ein Gewinn für alle wäre, wenn sich weibliche Abgeordnete wieder öfter interfraktionell austauschen würden. Oft hat man das Gefühl, dass mehr Wert

auf die Parteizugehörigkeit gelegt wird als auf die Sache selbst. Das ist frustrierend.

Ich glaube, es ist wichtig, das nicht als Machtbündnis zu sehen, nach dem Motto: »Wir suchen uns jetzt andere Strukturen, um durchzumarschieren.« Das funktioniert in unserem Parteiensystem nicht. Unser Regierungssystem basiert auf Parteien. Vielmehr sollte man den Bürgern zeigen, dass in wirklich wichtigen und schwierigen gesellschaftspolitischen Fragen alle mit unterschiedlichen Ausgangsvorstellungen ringen, um einen vernünftigen und tragfähigen Kompromiss zu finden. Dieser sollte nicht einfach ein »Kompromiss auf halbem Weg« sein, bei dem jeder nur ein bisschen nachgibt, und dann wird er sofort nach der Beschlussfassung kritisiert. Es geht darum, einen Kompromiss zu finden, der auch trägt, weil unterschiedliche Auffassungen und Meinungen ernsthaft diskutiert wurden. Natürlich gibt es dann später Punkte, die ich nicht akzeptieren kann, aber der Prozess und der Respekt vor der anderen Meinung ist entscheidend.

Es geht auch darum, zu versuchen, den Vertrauensverlust, der durch den Bruch der Ampelkoalition noch verstärkt wird, zu minimieren. Parteien an den politischen Rändern nutzen diesen Vertrauensverlust, um zu behaupten, dass das demokratische System nicht funktioniere und wir ein anderes brauchen. Das bedient diejenigen, die dem System skeptisch bis ablehnend gegenüberstehen. Aber man könnte viel mehr Überzeugungsarbeit leisten. Natürlich ist es mühsamer, aber es ist letztlich gewinnbringend für unser demokratisches System, weil man den Menschen zeigt, dass man ihre Anliegen ernst nimmt, aber auch klar sagt: »Ich konnte deine Auffassung aus guten Gründen nicht vollumfänglich berücksichtigen.«

Das ist ein Punkt, der derzeit zu kurz kommt. Alle, die eine Meinung vertreten, die uns nicht passt, pauschal als Faschisten,

Nazis oder Extremisten zu bezeichnen, bringt uns nicht weiter. Diese Gruppen könnten am Ende eine Mehrheit haben. Deshalb müssen wir wirklich den schwierigen Abwägungs- und Diskussionsprozess durchlaufen.

Diese Diskussionen finden im Bundestag statt, und ich finde, einige machen dort wirklich eine gute Figur, wenn sie der einseitigen Positionierung der AfD entgegentreten. Die AfD verfolgt oft primär das Ziel, ihre Aussagen für TikTok und andere Plattformen zu inszenieren. Es geht ihnen nicht um echte Debatten. Sie brauchen nur einen kurzen Ausschnitt, den sie aus dem Kontext reißen und verbreiten können mit einer völlig anderen Erzählung, um ihre Agenda zu unterstützen. TikTok ist ein Medium, das sie geschickt nutzen. Sie missbrauchen Debatten, um ihre eigenen Zwecke zu verfolgen, statt nach echten Lösungen zu suchen. Das muss man deutlich enttarnen, was natürlich nicht einfach ist. Aber wenn wir das nicht tun, wie wollen wir uns dann mit ihnen auseinandersetzen? Ein Parteienverbot? Das Denken aus den Köpfen verschwindet damit nicht. Sie würden wahrscheinlich eine neue Partei gründen und könnten nach ein paar Jahren zurückkommen. Es ist nicht die Lösung, die unsere Demokratie rettet. Deshalb müssen wir andere Wege finden, um uns mit rechtsextremen Kräften auseinanderzusetzen. Andernfalls könnte es auch zur Unregierbarkeit in einigen Bundesländern kommen, wie die Wahlen in Thüringen und Sachsen gezeigt haben.

Wir führen unser Interview heute am 15. November. Vor 30 Jahren trat die Ergänzung des Artikel 3 Absatz 2 des Grundgesetzes in Kraft, der sagt: »Der Staat fördert die tatsächliche Durchsetzung der Gleichberechtigung von Frauen und Männern und wirkt auf die Beseitigung bestehender Nachteile hin.« Auch dank einer interfraktionellen Zusammenarbeit, richtig?

Das war im Grunde der Ersatz für den nicht eingerichteten Verfassungskonvent, um eine neue Verfassung im Zusammenhang mit der Einheit zu erarbeiten. Der entscheidende Punkt dabei war, dass der Artikel 3 Absatz 2 dem Staat eine Funktion zur Durchsetzung der Gleichberechtigung zuweist. Das wäre ohne die Frauen nicht möglich gewesen. Bis zum Schluss gab es viele Einwände, und es stand bis zum letzten Moment auf der Kippe. Als die konservativen Männer aus allen Fraktionen zusammenkamen, herrschte schnell eine einheitliche Meinung: »Das brauchen wir nicht.« Es gab auch die Unsicherheit: »Was könnte das nach sich ziehen?« Es gab große Bedenken: »Wenn der Staat verpflichtet wird, dann gibt es vielleicht einklagbare Geldansprüche, wenn er etwas nicht umsetzt.«

Doch die Frauen haben sich zusammengetan, und es gab auch außerhalb des Parlaments viel Unterstützung. Es gab eine riesige Postkartenaktion – ich weiß nicht, wie viele Millionen Karten verschickt wurden, aber wir erhielten sie in großen Mengen, verteilt an alle Abgeordneten, nicht nur an die weiblichen. Die Post hätte sich heute über so eine Kundschaft gefreut. Es war wirklich beeindruckend, wie sich die Menschen engagiert haben.

Die Regelung war und ist richtig, denn auch wenn Artikel 3 Satz 1 besagt, dass Männer und Frauen gleichberechtigt sind, wurde mit diesem Absatz der Staat in die Pflicht genommen, die Gleichberechtigung aktiv zu fördern. Es handelt sich nicht um einen subjektiven Anspruch auf monatliche Geldzahlungen, sondern um eine Verpflichtung, gesellschaftliche Entwicklungen in Richtung Gleichberechtigung und Teilhabe zu unterstützen. Bis heute wird darüber diskutiert, es hat sich viel getan, etwa bei Vorständen, Aufsichtsräten und insgesamt bei der Gesetzgebung. Aber es bleibt ein fortwährender Prozess. Damals hat uns die Debatte als Frauen zusammengeschweißt. Am Ende zeigte sich in den Fraktionen eine Zwei-Drittel-Mehrheit. Das war so ein Frauenmomentum.

Würden Sie den nächsten weiblichen Abgeordneten im Bundestag empfehlen, ein interfraktionelles Bündnis zu reaktivieren?

Wenn jetzt ein neuer Bundestag gewählt wird und dann natürlich Koalitionsverhandlungen geführt und eine mehrheitsfähige Regierung gebildet wird, dann muss man sich bewusst werden, dass damit nicht alle Gefahren für die Demokratie beseitigt sind. Im Gegenteil: Wir werden ein weiteres Auseinanderdifferenzieren im Parteienspektrum haben, gerade rechts und links.

Es wäre ein gutes Zeichen, also eines des sich Verständigenkönnens in einer sehr polarisierenden politischen Landschaft, wenn es solche Interessenbündnisse von Mitgliedern der demokratischen Parteien gäbe, wo man sagt: »Ja, wir sind hier in unseren Fraktionen, aber wir haben auch Interessen, die werden nicht so richtig oder nicht als vorrangig, als prioritär gesehen. Wir wollen aber auch dem ein Gesicht und eine Sprache geben.« Das könnte ein Mehrwert sein.

Das fordert schon einiges vom Einzelnen, weil man ein Stück weit über den eigenen Schatten springen muss. Es macht einen Unterschied, wenn es Frauen sind. Nicht Männer. Sie sind oft nicht so taktierend und stärker an der Sache anstatt an der Macht orientiert. Solche interfraktionellen lockeren Gruppen sind nicht zum Instrumentalisieren da. Mein Eindruck ist, dass das Verständnis, dass dies ein Mehrwert sein kann, momentan noch nicht da ist. Wenn es persönlich wird, weil man auf eine ganz andere Weise über Themen spricht, dann wird es wirksam – aber dieses Verständnis fehlt anscheinend derzeit.

Dieses Interview führte Cécile Weidhofer am 15. November 2024.

SERAP GÜLER

Serap Güler ist seit September 2021 Bundestagsabgeordnete. Für den Einstieg in die Politik entschied sich die CDU-Politikerin und Tochter türkischer Gastarbeiter*innen vor über zehn Jahren, weil sie selbst Politik machen – und nicht mehr nur von der Seitenlinie kommentieren wollte. Heute beschäftigt sich die gebürtige Ruhrpottlerin vor allem mit Verteidigungspolitik. Sie findet, dass sich alle politisch engagieren sollten, die Lust dazu haben – egal wie sie aussehen und woher sie kommen. Sichtbarkeit ist wichtig, findet die CDU-Politikerin Serap Güler. Vor allem, wenn es darum gehe, Menschen mit Migrationsgeschichte für politisches Engagement zu motivieren.

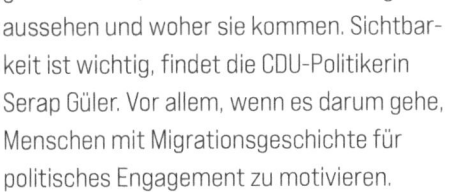

Bild: Laurence Chaperon

VON MUTIGEN FRAUEN, MUTIGEN MENSCHEN UND MUTIGEN ERSTEN

In Deutschland dauert es im Schnitt sechs Generationen, bis Familien aus einkommensarmen Familien das Durchschnittseinkommen erreichen. Meine Geschichte verlief anders. Über Umwege und als Kind türkischer Gastarbeiter vertrete ich heute als Abgeordnete die Interessen der deutschen Bürgerinnen und Bürger im Deutschen Bundestag. In meinem Weg liegt auch die Botschaft: »Man kann in diesem Land alles werden, wenn man mit Fleiß, Ausdauer und Leidenschaft das tut, was einem Spaß bereitet.« Mein Weg soll aber auch nicht darüber hinwegtäuschen, dass es gleichzeitig noch strukturelle Ungleichheiten in Deutschland gibt. Klassismus, Rassismus und Sexismus sind eine Realität in diesem Land, wenngleich sich auch in den letzten Jahren vieles zum Besseren entwickelt hat. Meine Geschichte ist nur eine von vielen – und doch hoffe ich, dass sie dazu beiträgt, dass künftig mehr Menschen mit ähnlichen Biografien in diesem Land und für dieses Land Verantwortung übernehmen.

HERKUNFT

Mein Vater kam mit gepackten Koffern in einem für ihn völlig fremden Land an, in dem eine andere Sprache gesprochen, eine andere Kultur gelebt und an einen anderen Gott geglaubt wurde. Ein Hindernis war das für ihn nie. Im Gegenteil, er war stolzer Bergmann in Deutschland. Vielleicht lag das auch daran, dass »unter Tage« alle gleich waren. Jeder war auf den anderen angewiesen, Vertrauen und Loyalität untereinander waren überlebenswichtig. Das sind Werte, mit denen auch ich aufgewachsen bin und die auch mein Wirken heute maßgeblich beeinflussen.

Es würde aber zu kurz greifen, meinen Erfolg auf ein Leben nach den richtigen Werten zu reduzieren. Natürlich spielen materielle Rahmenbedingungen immer auch eine wichtige Rolle. Als Nicht-Akademikerkind aufzuwachsen, bedeutet zu wissen, was es heißt, am Ende des Monats auf das Geld achten zu müssen. Es heißt auch, gewisse Codes nicht zu verstehen. Einige solcher Momente sind mir im Studium widerfahren. Mich haben diese Gegebenheiten nicht zurückgeworfen, sie waren vielmehr ein Antrieb, besser zu werden und am Ende durch Fleiß und harte Arbeit herauszustechen. Ein Aufstieg beginnt immer mit der Unzufriedenheit über die eigene Position und dem Mut, sich aus der Komfortzone zu bewegen. Doch auch wenn mich dieser stärker gemacht hat, so hätte es jemanden mit ähnlicher Biografie vielleicht zurückgeworfen, deswegen sage ich: »Jeder und jede verdient die gleichen Voraussetzungen.« Und den Generationen nach mir wünsche ich, dass es einfacher für sie wird.

VIELFALT IM PARLAMENT

Es muss für die nächsten Generationen einfacher werden, sich politisch für ein Deutschland zu engagieren, das ihnen im Gegenzug eine Perspektive aufzeigt. Auch in meiner Partei arbeite ich seit Jahren daran mit, mehr Frauen und Menschen mit Migrationsgeschichte zu gewinnen. Ich halte dies für eine demokratische Gesamtaufgabe, der sich alle Parteien stellen müssen. Parteien haben eine Vermittlungsfunktion: Sie machen aus Parteigängern Parlamentarier. Daher ist es wichtig – auch für die Signalwirkung in migrantische Kreise hinein –, Frauen und Menschen mit Migrationsgeschichte mit aussichtsreichen Listenplätzen auszustatten sowie sie zu Direktkandidaturen zu motivieren. Eine wichtige Maßnahme auf diesem Weg haben wir als CDU vor einem Jahr beschlossen: die Frauenquote. Zwei Fakten, die dafür sprechen, dass das nur der Anfang sein kann, für mehr Heterogenität zu sorgen: Erstens, 34,8 Prozent der Parlamentarier und Parlamentarierinnen sind in der aktuellen Wahlperiode Frauen. Sie stellen jedoch über 50 Prozent der Bevölkerung. Zweitens, 11,3 Prozent sind in der aktuellen Wahlperiode Menschen mit Migrationsgeschichte. Dabei hat mittlerweile jeder vierte Mensch in Deutschland migrantische Wurzeln. Zeit, diesen Wandel auch im Parlament adäquat abzubilden.

Mit dem Standort verändert sich der Standpunkt. Als Parlamentarierin bin ich gewählt, die Interessen aller Deutschen im Bundestag zu vertreten. Und doch bin ich nicht frei von meinen persönlichen Erfahrungen. Sie fließen selbstverständlich – ob bewusst oder unbewusst – in meine Entscheidungen ein. Der Blick von Menschen, die zu einer Minderheit in diesem Land gehören, ist vielleicht an der einen oder anderen Stelle geweiteter. Das meine ich nicht despektierlich, sondern begreife es als Angebot. Und deswegen ist es mir auch wichtig, dass sich diese Menschen nicht einfach assimilieren oder sich wie ein Chamäleon verhalten, sondern mutig ihre Sichtweisen vortragen. Aber es liegt auch an der Mehrheit, diese Sichtweisen stärker wertzuschätzen. Nur in einem Deutschland, in dem sich alle gesehen fühlen, in dem sich alle vertreten fühlen, gelingt ein gesellschaftliches Miteinander, in dem Debatten nicht im Schwarz-Weiß-Schema geführt werden.

POLITIK FÜR ALLE VERSTÄNDLICH MACHEN

Damit Debatten möglich sind, an denen alle teilhaben können, braucht es eine Sprache, die niemanden ausschließt. Politik ist komplex, ja. Politik ist mitunter auch vom Beamtendeutsch dominiert, das außerhalb der »Politikblase« nur wenige Bürgerinnen und Bürger erreicht. Wir Politikerinnen und Politiker machen es uns häufig zu einfach, wenn wir uns darauf verlassen, dass sich die Leute schon selbst informieren. Es ist unsere Aufgabe, den Meinungsbildungsprozess zu gestalten. Dazu gehört, dass wir unsere Politik transparenter erklären und komplexe Prozesse in einer einfachen Sprache vermitteln, sodass sie auch von denjenigen verstanden wird, die nicht jeden Tag die Zeit haben, Nachrichtenportale zu durchforsten. Die Digitalisierung bietet viele Möglichkeiten – warum nutzen wir sie nicht stärker? Was passiert, wenn demokratische Parteien zu lange auf konventionelle Wege in der Öffentlichkeit setzen und digitale Räume per se für unwichtig erklären, sieht man schon heute: Diese Räume werden von populistischen Akteurinnen und Akteuren gefüllt, die mit einfachen Schlagworten und zurechtgeschnittenen Videos ihre Unwahrheiten verbreiten. Machen wir uns nichts vor: auch das hat heutzutage einen enormen Einfluss auf das reale Wahlverhalten der Bürgerinnen und Bürger. Umfragen und Wahlergebnisse zeigen erschreckend hohe Werte einer populistischen Partei in Deutschland, die eine ausländerfeindliche und frauenfeindliche Politik offen propagiert. Das beschreibt sehr gut den fragilen Zustand der Demokratie und zeigt gleichzeitig, dass wir sie niemals für selbstverständlich halten dürfen. Ihr Erhalt ist niemals abgeschlossen und eine immerwährende Aufgabe der Politik und Zivilgesellschaft. Wir sollten uns nicht der Illusion hingeben, dass sich Zustände mit einem Knall ändern und dann alle wachgerüttelt werden: Demokratien sterben leise und schleichend. Deshalb ist es so wichtig, dass wir alle wachsam sind und Entwicklungen genau beobachten. Es ist keine Bagatelle, wenn Frauen aus Führungsgremien verschwinden, es ist auch keine Lappalie, wenn in der Öffentlichkeit Vorurteile gegen Ausländer geschürt werden. Es ist etwas Grundlegenderes ins Rutschen geraten, das ein politisches Gegensteuern an der richtigen Stelle erfordert.

GESELLSCHAFTSJAHR ALS BEGEGNUNGSORT

Und genau an dieser Stelle kommt eine Idee ins Spiel, in deren Umsetzung ich seit Jahren sehr viel Herzblut und politische Leidenschaft investiere: das verpflichtende Gesellschaftsjahr. Gerade weil sich dort Menschen auf Augenhöhe begegnen, die sich sonst im Alltag nicht treffen würden. Wir sehen, dass Begegnungsräume wie Kirche oder Parteien immer mehr an Bedeutung verlieren. Wir bewegen uns zunehmend in digitalen Echokammern und neigen dazu, unsere Meinung bestätigen zu lassen, anstatt uns dem Meinungsaustausch mit anderen zu stellen. Algorithmen in den sozialen Medien tun ihr Übriges: jedes Like, jedes gesehene Video führen dazu, dass uns ähnliche Inhalte angezeigt werden. Auch wenn wir uns bemühen, entgegen dem Algorithmus, uns für Menschen zu interessieren, die die Welt mit anderen Augen sehen, so kratzen wir im Digitalen immer nur an der »schönen Oberfläche«. Andere Blickwinkel erspüren wir nur in Gesprächen oder gemeinsamen Erlebnissen. Ein verpflichtendes Gesellschaftsjahr, im Sinne des sozialen Zusammenhalts, macht diese Begegnungen wieder möglich. Hier treffen Stadt und Land oder Menschen mit und ohne Migrationsgeschichte aufeinander. Hier werden Vorurteile abgebaut und Verständnis für Andersdenkende entwickelt. Und hier werden Freundschaften geschlossen, die ein Leben lang halten können. Nicht nur für eine resiliente Gesellschaft sind Begegnungsräume nützlich. Spricht man mit Absolventinnen und Absolventen eines freiwilligen sozialen Jahres, wird oft betont, wie horizonterweiternd diese Erfahrung sein kann. Neue Belastungsgrenzen werden ausgetestet und das eigene Selbstbild erweitert. Durch die Begegnung mit konträren Lebenswirklichkeiten werden Problematiken und Missstände ins Bewusstsein gerückt, mit denen man im Leben vorher selbst noch keine Berührungspunkte hatte. Neue Verantwortlichkeiten entstehen, die politisieren können und letztlich das Individuum mit der Gesellschaft verbinden.

GESELLSCHAFTLICHES KLIMA MITENTSCHEIDEND FÜR SOZIALEN AUFSTIEG

Auch wenn unsere Identität am Ende doch meist die Geschichte ist, die wir uns selbst erzählen, so ist es so, dass ich in einer Zeit vor der rechtsextremen Welle der 1990er Jahre aufgewachsen bin, vor »Solingen« und »Lichtenhagen«, die den Rassismus in der deutschen Gesellschaft so sichtbar gemacht haben. Als Kind blieben mir diese Bilder erspart. Als junge Erwachsene haben sie mich umso mehr schockiert. Nie habe ich stärker das Gefühl gehabt, fremd im eigenen Land zu sein. Nicht auszumalen, was diese Bilder mit Kinderaugen gemacht haben. Wohlmöglich, dass es normal ist, in Deutschland Häuser anzuzünden, in denen Migranten wohnen. Solche Bilder entscheiden über Biografien. Sie senden das Signal an junge Menschen: Ihr seid nicht willkommen, ihr seid es nicht wert, dass euch Respekt entgegengebracht wird. Und an dieser Stelle hat der Staat viele Jugendliche mit Migrationsgeschichte verloren. Er hat sie verloren, weil die Aufarbeitung viel zu spät angesetzt wurde. Ich mache mir keine Illusion darüber, dass so etwas jederzeit wieder geschehen kann. In einer Gesellschaft wird es immer einen gewissen Prozentanteil an Menschen geben, die sich radikalisieren werden und ihrem Hass freien Lauf lassen. Aber der Staat trägt Verantwortung, mutmaßlich Betroffene zu schützen und Verbrechen lückenlos aufzuklären. Alles andere schwächt das Vertrauen in unsere Institutionen. Wenn schon junge Menschen in diesem Land keine Perspektive sehen, dann ist das etwas, worüber wir dringend reden müssen.

DEMOKRATIE BRAUCHT MEHR »ERSTE«

Politik ist dazu da – in meiner Vorstellung zumindest –, jedem Menschen zu ermöglichen, sein Leben in Sicherheit und Freiheit sowie nach seiner Fasson zu leben. Ich bin dankbar, in einem Land zu leben, in dem das heute, im Vergleich zu anderen Staaten auf dieser Welt, ein breiter Konsens ist. Nichtsdestoweniger ist auch Deutschland ein Land, das seine Gegenwart auf seiner Geschichte aufbaut. Rassismus ist ein immer noch fortwährendes schlummerndes Gift in unserer Gesellschaft. Auch dass Frauen noch häufig in der »Teilzeitfalle« stecken bleiben, den Großteil der unbezahlten Care-Arbeit übernehmen müssen und auch immer noch nicht den gleichen Lohn für die gleiche Arbeit bekommen, ist nahezu ein Armutszeugnis für Deutschland.

Ich habe viel darüber geschrieben, dass ich mir auf meinem Weg viele Möglichkeiten selbst erarbeitet habe. Und doch spielte an der einen oder anderen sicherlich das Glück mit hinein, zur richtigen Zeit am richtigen Ort zu sein. Und das ist etwas, was ich allen Frauen, allen Menschen mit Migrationsgeschichte ersparen möchte: die Abhängigkeit von der Lotterie des Glücks. Leistung muss sich lohnen, dabei sollte es egal sein, welches Geschlecht jemand hat, und es sollte auch egal sein, welche Migrationsgeschichte jemand mitbringt. Deutschland bekam im Jahr 2005 mit Angela Merkel die erste Frau zur Bundeskanzlerin. Hinzu kommt, dass sie nun auch noch eine ostdeutsche Biografie hatte. Sie war also gleich mehrfach die Erste. Damit hat sie vielen Frauen imponiert. Sie hat kleinen Mädchen gezeigt, dass es möglich ist, Bundeskanzlerin in diesem Land zu werden. Meine Pflicht ist es, zu zeigen, dass auch kleine Mädchen, egal woher sie kommen mögen, es mir auch gleichmachen können. Insbesondere in der Politik kann ich bestätigen: Wir sind alle nur Menschen. Wir »kochen alle nur mit Wasser«. Das, was ich kann, können auch andere, vielleicht auf eine andere Art und Weise, aber auch Politikerinnen sind nicht unersetzbar. Am liebsten ersetzbar jedoch durch fähige Gleichgesinnte, die den Kampf für Gleichberechtigung weiterkämpfen. Mehrheiten dafür fallen nicht vom Himmel, sie müssen immer wieder aufs Neue erkämpft werden. Von mutigen Frauen, von mutigen Menschen, von mutigen Ersten.

WORTE KÖNNEN TÜREN ZUSCHLAGEN, ALSO KÖNNEN SIE SIE AUCH WIEDER ÖFFNEN

Wenn ich daran denke, wie es Frauen vor hundert Jahren in Europa und Deutschland ging, fühle ich Dankbarkeit. Ich bin dankbar für ihren Kampf. Für meine Frauenrechte. Doch Rechte, die erkämpft wurden, können auch wieder verschwinden, wenn eine Mehrheit es so entscheidet. Daher ermutige ich alle Frauen, auch wenn wir gerade in Zeiten leben, in denen man meinen könnte, dass der Fortschritt zurückgedreht wird: Wenn Worte Türen zuschlagen können, so können sie auch wieder Türen öffnen. Es liegt an uns. Doch nicht nur. Fortschritt braucht nicht nur mutige Frauen, es braucht auch die richtigen Worte zur richtigen Zeit von der richtigen Person. Dass die Frauenquote in der CDU nun eben von einem Mann letztendlich eingeführt worden ist, beweist, dass für die Weiterentwicklung einer gesamten Gesellschaft alle Geschlechter mit ins Boot geholt werden müssen. Es ist längst bewiesen worden, dass die Mitwirkung von Frauen in gesellschaftspolitischen Gremien nicht nur die Perspektiven erweitert, sondern auch die Ergebnisse positiv beeinflusst. Deshalb liegt es im ureigenen Interesse von Unternehmen, politischen Parteien, Regierungsinstitutionen und der Wissenschaft, Frauen dort zu fördern, wo sie sich immer noch im Hintertreffen befinden. Fördern bedeutet auch, ein Klima zu schaffen, in dem sich Frauen sicher und wohl am eigenen Arbeitsplatz fühlen. Noch immer ist

Sexismus am Arbeitsplatz bittere Realität und zu oft ziehen sich Frauen zurück oder fürchten Konsequenzen, wenn sie für sich einstehen. Daher gilt es an dieser Stelle, nicht nur mehr Frauen zu gewinnen und einen Wechsel des Klimas anzustreben, es gilt auch, rechtliche Rahmenbedingungen zu schaffen, mit denen ein frauenverachtendes Klima nicht mehr möglich ist. Gerade in der jetzigen Zeit gewinnt man den Eindruck, dass »harte Themen« wie die Sicherheitspolitik, die Wirtschaftspolitik oder geopolitische Herausforderungen die Gleichstellung an den Rand der öffentlichen Aufmerksamkeit drängen. Doch als Sicherheitspolitikerin weiß ich, wie wichtig der Beitrag von Frauen gerade in weltpolitisch angespannten und gesellschaftspolitisch schwierigen Zeiten ist. Daher ist es bemerkenswert schade, dass Frauen die besseren Universitätsabschlüsse haben und im Laufe des Berufslebens unsichtbarer werden. Auch hier gilt es politisch gegenzusteuern und den Wunsch nach der Vereinbarkeit von Familie und Karriere lebenspraktischer zu gestalten. In den letzten Jahren wurden einige wichtige konkrete Maßnahmen wie die Einführung der Elternzeit für Männer oder die Möglichkeit der Auszeit für Frauen in Vorständen eingeführt. Das kann jedoch nur der Anfang sein: Im Vergleich zu den skandinavischen Ländern wie Schweden oder Norwegen schneidet Deutschland im Bereich der Gleichstellung immer noch rückständig ab. Diese Länder haben schon früh verstanden, dass kleine politische Maßnahmen in diesem Bereich große und nachhaltige Vorteile für die Gesellschaft im Bereich der Gleichstellung bewirken. Deshalb sollte es heutzutage auch keine Frage der politischen Gesinnung unter Parteien sein, sich diesem Ziel zu verpflichten, sondern Konsens. Parteien, die immer noch glauben, dass das Geschlecht eine unterschiedliche Behandlung rechtfertigt, dem sei das Grundgesetz, Artikel 3 wärmstens empfohlen: »Männer und Frauen sind gleichberechtigt. Der Staat fördert die tatsächliche Durchsetzung der Gleichberechtigung von

Frauen und Männern und wirkt auf die Beseitigung bestehender Nachteile hin. Niemand darf wegen seines Geschlechtes, seiner Abstammung, seiner Rasse, seiner Sprache, seiner Heimat und Herkunft, seines Glaubens, seiner religiösen oder politischen Anschauungen benachteiligt oder bevorzugt werden. Niemand darf wegen seiner Behinderung benachteiligt werden.«

RECHTE DER FRAUEN IN ALLER WELT

Der Kampf für Frauenrechte kennt keine Grenzen. Im Iran sind es vor allem die mutigen Frauen, die unter dem Leitgedanken »Frauen, Freiheit, Leben« unter lebensbedrohlichen Zuständen auf der Straße für ihre Rechte kämpfen.

Es bricht mir das Herz, wenn ich höre, dass Frauen in Afghanistan binnen kürzester Zeit all das verloren haben, was ein lebenswertes Leben ausmacht: das Recht auf Selbstbestimmung, das Recht auf Bildung und Arbeit sowie das Recht auf eine freie Meinungsäußerung. Auch die Mütter- und Kindersterblichkeit in Afghanistan zählt zu den höchsten der Welt – so stirbt alle zwei Stunden eine afghanische Frau während der Schwangerschaft oder bei der Geburt. Hinzu kommt, dass die Taliban mit der Machtübernahme 2023 ein Verkaufsverbot für Verhütungsmittel erlassen haben. Die Frau wird nicht nur auf ihren Körper und seine Funktionen reduziert, er wird missbraucht, als Kriegswaffe eingesetzt und der Tod in Kauf genommen. Dass Frauen im Jahr 2024 in Regionen auf dieser Welt so behandelt werden, ist ein Armutszeugnis für die Menschheit. Vielleicht auch für den Feminismus – auch wenn wir ihm im europäischen Westen viel zu verdanken haben. Die Tatsache jedoch, dass die Gleichbehandlung von Frauen auf dieser Welt so eklatant unterschiedlich ist, zeigt, dass im geopolitischen Wettbewerb die sogenannte »hard power« eines Landes die Geschlechtergerechtigkeit zur Nebensächlichkeit macht. Dabei kann der Ansatz der feministischen Außenpolitik eine erste Idee sein, Frauen in der Außenpolitik stärker mitzudenken. Grundsätzlich will ich aber sagen: Nur weil in den ehemaligen Industrieländern Frauen und Minderheiten mehr Rechte haben, dürfen wir nicht aufhören, hinzuschauen, wenn es anderswo auf dieser Welt für eben diese Menschen ungerecht zugeht. Wo Frauen unterdrückt werden, Minderheiten diskriminiert, dort ist Gewalt nicht fern. Und wo Gewalt im Innern herrscht, wird irgendwann Gewalt im Außen angewendet. Und dann sind eben auch jene Staaten bedroht, in denen Frauen und Minderheiten diese Freiheitsrechte besitzen. Der Kampf für gleiche Rechte auf der Welt ist also nicht nur Selbstzweck, er ist in einer Welt der kalkulierten Interessen eben auch ein strategisches Ziel für ein Land wie Deutschland.

SICH DAS BESTE VORZUSTELLEN, SICH AUF DAS SCHLIMMSTE VORZUBEREITEN UND MIT ÜBERRASCHUNGEN ZU LEBEN

Ein Mensch sollte nie vergessen, woher er kommt und was ihn geprägt hat. Eine entscheidende Frage, die auch ich mir stelle, ist, wie man aus der Betroffenheitslogik lernen kann, ohne dass man der Identitätspolitik verfällt. Also einer Politik, die das eigene Erleben und die eigenen Merkmale in den Mittelpunkt rückt. Das hat den Nachteil, dass nicht mehr der Mensch, sondern seine Merkmale in den Vordergrund treten. Bitte nicht falsch verstehen: Minderheitenrechte müssen starkgemacht werden. Wer aber zu sehr auf seine Kennzeichen pocht, erreicht vermutlich das Gegenteil von dem, was er erreichen möchte. Deshalb geht es mir darum, wie man die eigenen Emotionen mit dem Erlebten so verknüpft, dass etwas Produktives für die Gesellschaft dabei herauskommt. Früher, vor meiner politischen Laufbahn, kam es durchaus vor, dass ich in der Deutschen Bahn vom Zugpersonal anders als andere

Fahrgäste ohne Migrationsgeschichte behandelt wurde. Ich wünsche niemandem solche subtilen Diskriminierungen. Ich begreife es als meinen Beruf, auch daran zu arbeiten, dass sich das in diesem Land ändert. Deswegen ist gerade in der Politik ein sozialer Milieuwechsel in der eigenen Biografie eine Chance, Empathie für möglichst viele unterschiedliche Lebenswirklichkeiten zu entwickeln.

Das bedeutet im Umkehrschluss auch, dass man im Leben oft »zwischen den Stühlen« sitzen wird. Als ich zur Staatssekretärin für Integration in Nordrhein-Westfalen berufen wurde, wurde dieses »Zwischen den Stühlen«-Sitzen zu meiner täglichen Aufgabe. Aus meinem Hobby wurde mein Beruf. Aus einer persönlichen Vermittlung wurde ein Auftrag für unser Land. Ich bin ehrlich, es ist nicht immer ganz einfach, eine differenzierte Position einzunehmen, nicht zuletzt, weil man am Ende zwangsläufig immer jemanden enttäuschen muss und es Kraft kostet, mit sich selbst ins Gericht zu gehen und auch bei »Gegenwind« stehen zu bleiben. Doch das ist meiner Meinung nach der Preis, gute Politik zu machen. Denn eine geordnete, humane und wissenschaftsbasierte Integrationspolitik ist für Deutschland wichtig, weil sie den integrativen und gleichberechtigten gesellschaftlichen Zusammenhalt fördert. Menschen verschiedener Hintergründe werden in die Gesellschaft eingebunden, was unseren sozialen Frieden stärkt. Auch wenn es heute selbstverständlich in Sonntagsreden betont wird, so ist die Schaffung einer pluralistischen und offenen Gesellschaft, in der vielfältige Perspektiven und kulturelle Beiträge geschätzt werden, eine aktive Herausforderung, die die Politik nicht allein bewältigen wird. Es braucht eine aktive Zivilgesellschaft, die hinschaut, wenn Menschen mit Migrationsgeschichte diskriminiert werden, und vor allem braucht es eine Zivilgesellschaft, die konsequent dort einschreitet, wenn unser Recht nicht abschreckend genug wirkt und die Täterinnen und Täter sich in einer Grauzone wähnen. Abgesehen davon, dass so ein Verhalten höchst unanständig ist, leben wir längst in der Realität, in der Fremdenfeindlichkeit auch immer ein »Schuss ins eigene Knie« und gegen genuin deutsche Interessen gerichtet ist. Daher muss Deutschland seinem Ruf als »Einwanderungsland« endlich gerecht werden. Die Vorteile liegen schon lange auf der Hand: Eine gelungene Integration fördert die wirtschaftliche Prosperität, indem sie das Potenzial von talentierten Einwanderern optimal nutzt und eine inklusive Arbeitswelt schafft. Letztlich trägt eine erfolgreiche Integrationspolitik dazu bei, dass Deutschland als vielfältige Nation Wohlstand für alle schafft und demokratische Werte stärkt. Eine dementsprechend geartete Repräsentation der Gesellschaft im Parlament ist dabei nur die logische Folge. Wir brauchen unterschiedliche Stimmen, Meinungen und Perspektiven in politischen Entscheidungsprozessen. Ein diverses Parlament repräsentiert die Vielfalt der Bevölkerung in Bezug auf Geschlecht, ethnische Herkunft, soziale Schicht, Religion und andere Merkmale, und das erst ermöglicht eine umfassendere Auseinandersetzung mit den Bedürfnissen und Anliegen aller Bürgerinnen und Bürger. Und gerade in den stürmischen Zeiten, in denen das Vertrauen in die demokratischen Institutionen abnimmt und Menschen sich nicht mehr mit politischen Entscheidungen identifizieren können, brauchen wir Menschen im Parlament, die authentisch daran mitwirken, den Draht zwischen »denen da oben« und der Bevölkerung wiederzubeleben. Das funktioniert nur, wenn alle in der Gesellschaft das Gefühl haben, dass ihre Interessen in der politischen Arena vertreten werden. Dies stärkt letztendlich die Legitimität und Effektivität der demokratischen Prozesse. Bis dahin leitet mich mein Tatendrang, den Möglichkeitsraum der Zukunft so zu umreißen, sich das Beste vorzustellen, sich auf das Schlimmste vorzubereiten und mit Überraschungen zu leben.

ANKE DOMSCHEIT-BERG

Anke Domscheit-Bergs Biografie ist ein typisch ostdeutsches Zickzack, mit Kunststudium in der DDR und einem BWL-Masterabschluss in England sowie über 15 Berufsjahren in der IT-Branche, gefolgt von freiberuflicher Arbeit als Publizistin und Autorin. Seit 2017 ist Anke Domscheit-Berg digitalpolitische Sprecherin der Linken im Bundestag. Neben Digitalisierung ist Geschlechtergerechtigkeit ihr zentrales Thema, 2010 erhielt sie deshalb den Frauenpreis des Landes Berlin.

Foto: Melissa Meyer

PAULA PIECHOTTA

Wäre Dr. Paula Piechotta nicht Berufspolitikerin, wäre sie vermutlich als Fachärztin für Radiologie tätig. Diesem Beruf ging sie bis zu ihrer Wahl in den Bundestag im Jahr 2021 in Teilzeit nach. Durch diese beruflichen Erfahrungen und auch das Pflegen schwerkranker Angehöriger ist das Thema »Gute Gesundheit« ein Herzensthema für die Abgeordnete von Bündnis 90/Die Grünen.

Bild: Ferdinand Uhl

»AUCH ROBUSTEN PERSONEN KANN ES PASSIEREN, DASS SIE IN DAS BURNOUT RUTSCHEN«

Sitzungen bis mitten in die Nacht, 60-Stunden-Woche, Pendeln zwischen Wahlkreis und Berlin, der Druck von Außen und das Tragen großer Verantwortung: Der politische Betrieb und der Job von Politiker*innen ist belastend. Immer weniger sind bereit, unter diesen Umständen Politik zu machen. Die Folge: Menschen kandidieren weniger für politische Ämter und all jene, die bereits diese Belastung auf sich genommen haben, kehren der Politik nach einigen Jahren wieder den Rücken zu. Von denen, die bleiben, klagen viele unter psychischen und physischen Problemen, die aber noch immer ein großes Tabu-Thema darstellen, sowohl parteiintern als auch öffentlich. Dabei kann das Sprechen über Erfahrungen, fehlende Work-Life-Balance und ein oft toxisches Klima dazu führen, das Arbeitsumfeld gesundheitsfördernd zu gestalten und damit auch das Überleben der Demokratie zu sichern. Mit Anke Domscheit-Berg, MdB (Die Linke), und Dr. Paula Piechotta, MdB (Bündnis 90/Die Grünen), sprechen zwei Spitzenpolitikerinnen darüber, was es heißt, Politik zu machen und wie es noch besser gelingen kann.

Frau Domscheit-Berg, Frau Dr. Piechotta, Sie beide wurden in den Medien unter anderem dafür bekannt, weil sie sich öffentlich über die Arbeitsbelastung von Politiker*innen geäußert haben. Vielen Dank, dass Sie sich zum Gespräch mit uns bereit erklärt haben. Wie geht es Ihnen heute?

ADB: Ich hatte mal wieder eine typisch schlechte Nacht. Ich habe nämlich gerade ein doppeltes Problem: Zusätzlich zur allgemeinen Arbeitsbelastung durch den Bundestag bin ich außerdem mitten in der Menopause. Und das macht das Leben nicht leichter. Nachts sind die Hitzewellen am schlimmsten. Ich habe mit Schlafstörungen zu tun, sowohl Einschlafen als auch Durchschlafen, all das klappt schon länger nicht mehr. Ich kann körperlich mit Schlafmangel schlecht umgehen, bekomme Herzrhythmusstörungen, kann mich schlechter konzentrieren, bin dünnhäutiger. Wenn ich ein bisschen müde gucke, liegt das an diesem zermürbenden Schlafmangel.

PP: Bei mir ist es so, dass Wahlkreiswochen deutlich besser sind als Sitzungswochen. Schlicht und ergreifend auch, weil ich mich in Leipzig wohler fühle als in Berlin. Aber es ist gerade bei uns in Sachsen durch die anstehenden Landtagswahlen, die Kommunalwahlen und die jüngsten Angriffe gegen Politiker*innen natürlich sehr viel los. Es ist sehr kräftezehrend. Das merkt man aber gar nicht so sehr, weil der Druck, den man hat, relativ konstant ist. Wie viel Kraft es gekostet hat, merkt man meistens immer erst wieder, wenn es weg ist.

Gewöhnen Sie sich an den Druck?

PP: Menschen gewöhnen sich an alles. Die Frage ist, ob sie es gut kompensieren oder nicht. Und das wird aufgrund der Herausforderungen durch rechte Angriffe auf Politiker*innen immer schwieriger. Gleichzeitig härtet es auch ab. Ich glaube, das durchschnittliche Mitglied in Baden-Württemberg ist zarter besaitet als das durchschnittliche Mitglied hier in Sachsen. Und deswegen sind wir hier alle schon vergleichsweise robust.

ADB: Das ist Teil des Problems. Wir brauchen eigentlich Menschen, die empathisch sind, die verletzlich sind, die normal und durchschnittlich sind, die die Bevölkerung repräsentieren. Ich kriege Sätze zu hören wie »Na ja, nur die Harten kommen in den Garten!«, »Muss man halt vorher wissen, worauf man sich einlässt« oder »Wenn man das nicht abkann, ist man hier falsch«. Das halte ich für keinen angemessenen Umgang in einer Demokratie. Politik, die nur von den »Harten« gemacht wird, ist wahrscheinlich keine gute Politik für die Gesamtheit der Gesellschaft. Deshalb muss Politikbetrieb so sein, dass es im Prinzip allen Menschen möglich ist, das auszuhalten und sich daran zu beteiligen.

Warum soll man denn diese aktuellen Zustände aushalten und ertragen müssen? Ich kann mich an diese Zustände nicht gewöhnen. Natürlich finde ich Mittel und Wege, wie ich damit so umgehe, dass es mich nicht kaputtmacht. Aber ich empfinde es immer noch als Belastung, die nicht angemessen ist. Sie ist einer von mehreren Gründen, warum ich nicht länger als zwei Legislaturen Politik machen werde. Es würde mich kaputtmachen. Und diese Belastung kommt auch nicht nur aus dem Bundestag, sondern auch von der eigenen Partei, wo hohe Erwartungen gestellt werden, z. B. hinsichtlich der Präsenz in den Wahlkreisen oder bei parteiinternen Veranstaltungen, die man niemals erfüllen kann. Man reißt sich den Allerwertesten auf und von manchen Seiten kommen trotzdem Vorwürfe, wo man überall nicht präsent war und sich nicht eingebracht hat. Das ist schwer auszuhalten.

PP: Bei uns haben wir oft das Problem, dass neue Mitglieder sofort alles Mögliche machen wollen und nicht darauf vorbereitet sind, dass ein gewisses Maß an Selbstorganisation dafür notwendig ist. Deswegen hören bei uns sehr viele Menschen oft schnell wieder auf, gerade auf kommunaler Ebene. Zum Beispiel haben wir junge Mütter, die nach zwei Jahren merken, das geht einfach nicht. Auch der Umgangston ist besonders rau. Wir haben in Sachsen einen Bürgermeister, der quasi von der AfD in den Suizid getrieben wurde. Dadurch ist das Thema sehr präsent hier, insbesondere bei Kommunalpolitiker*innen, weil sie natürlich weniger Ressourcen haben, um sich gegen Angriffe zu wehren. Und sie bekommen weniger Aufmerksamkeit in den Medien. Wenn Kommunalpolitiker*innen hier angegriffen werden, ist *DER SPIEGEL* nicht da. Wenn eine Europaabgeordnete angegriffen wird, dann heißt es plötzlich: »Gewalt gegen Politiker! Ein neues Phänomen!« Es ist aber kein neues Phänomen. Und deswegen ist es auf kommunalpolitischer Ebene noch härter.

Wir wollen uns heute über das Thema mentale Gesundheit, über die Arbeitsbelastung von Politiker*innen austauschen. Glauben Sie, dass die Bürger*innen wissen, wie Ihre Wochen aussehen?

ADB: Das Wissen darüber ist wenig verbreitet. Die meisten Abgeordneten haben ja nicht nur eine krasse zeitliche Arbeitsbelastung. Es macht auch etwas mit einem, wenn man trotzdem immer wieder liest oder hört, dass man als Mitglied des Bundestags sowieso faul sei, obwohl man das Gefühl hat, sich gerade totzuarbeiten. Das liegt unter anderem daran, dass die Menschen nur die Debatten aus dem Fernsehen kennen. Sie sehen ein Plenum, das zu zwei Dritteln leer ist, und denken, die Abgeordneten machen Urlaub. Viele wissen nicht, wie das Parlament funktioniert, dass ich zum Beispiel am Mittwochnachmittag parallel zum Plenum einen Ausschuss habe, der vorgeht. Oder wie viele andere Arbeiten parallel stattfinden, wie lang die Arbeitstage sind, die teilweise bis 0:00 Uhr oder länger gehen, dass die »Sommerpause« bis auf zwei, drei Wochen keine Ferienzeit ist.

Wie der Alltag abläuft, weiß doch draußen kaum jemand. Anstrengend ist z. B. auch die Tatsache, dass mein Tagesablauf nie wirklich planbar ist. Irgendwas Unvorhergesehenes passiert ja ständig, das alles über den Haufen wirft. Dazu kommen regelmäßig unfassbar viele Informationen, die man kaum verarbeiten kann, u. a. weil sie oft super kurzfristig kommen wie etwa die Stellungnahmen von Sachverständigen vor einer Anhörung oder Gesetzentwürfe vor der Behandlung im Ausschuss. Nebenbei steht man ständig im Scheinwerferlicht. Es gibt viele, die nur darauf lauern, dass man einen Fehler macht. Dieser Fehler landet dann im Internet und lebt ewig. Viele Menschen lassen ihrem Hass gegen politische Gegner*innen freien Lauf und häufig wird nicht einmal differenziert, wer wofür kritisiert und beleidigt wird. Dann wird man massiv angefeindet, ist digitaler Gewalt ausgesetzt. Und selbst der kleinsten Oppositionspartei wird vorgeworfen, dass die Bundesregierung ihre Arbeit nicht besser gemacht hat. Was kann ich denn dafür? Es wird jedem und jeder Einzelnen von uns stellvertretend alles vorgeworfen, was auf jeglicher politischen Ebene schiefläuft. Das macht es wirklich toxisch für viele und ist schwer auszuhalten.

Vielleicht würde sich an der Einstellung zu uns etwas ändern, wenn mehr Menschen wüssten, wie im Bundestag eigentlich gearbeitet wird, und es würde weniger Vorurteile geben. Zum Beispiel müssen wir ständig viele Dinge parallel tun, weil die Arbeit ohne Multitasking erst recht nicht zu schaffen wäre. Ich muss im Plenum nebenbei Dinge erledigen, zu denen ich sonst nicht komme, ich kann nicht einfach nur der Debatte zuhören. Und weil Laptops im Plenum verboten sind, mache ich das auch am Handy, z. B. auf eilige Medienanfragen antworten, mit meinem Team Aufgaben koordinieren, Entscheidungen kommunizieren oder eine Antwort der Bundesregierung auf eine meiner Schriftlichen Fragen auswerten. Wenn Menschen aber in den Medien sehen, wie Abgeordnete am Handy tippen, wird das grundsätzlich negativ bewertet, vielleicht denken sie, dass man sich Katzenvideos in sozialen Medien anguckt oder Fußball oder einfach doomscrollt auf Instagram oder X.

Wie wenig über unseren Alltag und die Arbeitsweisen im Bundestag bekannt ist, bekomme ich z. B. mit, wenn ich mit einer Besucher*innengruppe zu tun habe oder mich im Wahlkreis mit Leuten unterhalte. Sie sind immer überrascht, wenn ich von unserem Arbeitspensum berichte, und sagen dann: »Was? Das haben wir nicht gewusst!« Interessanterweise wird weniger kritisiert, wenn man ein iPad benutzt statt ein Handy, das sieht wohl mehr nach Arbeit aus. Logisch ist das natürlich nicht, denn beim iPad ist ja nur das Display größer.

Frau Piechotta, Sie haben schon mal Ihren Laptop reingeschmuggelt, oder?

PP: Ich nehme jetzt immer den Laptop mit und es ist kein Problem mehr, selbst unser Bundestagsvizepräsident Wolfang Kubicki regt sich nicht mehr auf. Ich nehme unsere grüne Wählerklientel jedoch als verständnisvoller wahr als das, was Anke geschildert hat. Wenn Schulklassen oder andere Gruppen kommen, fragen sie danach, wie ich mit dem Stress als Abgeordnete umgehe. Und dann antworte ich: »Es ist besser, als Nachtdienst in der Uniklinik zu machen.« Für mich ist die Belastung im Vergleich zum Alltag als Klinikärztin besser geworden. Die Wochenenddienste während meiner Zeit in der Klinik waren schlimmer, unter der Woche ist es im Bundestag mehr.

Wir brauchen nicht nur Zeit für das Ausüben unseres Mandates, sondern auch für die parteiinterne Kommunikation. Die eigenen Parteimitglieder entscheiden darüber, ob man sich in Zukunft wieder aufstellen lassen kann. Man muss Arbeitsnachweise erbringen für die eigene Partei.

Zur Wahrheit gehört auch, dass es für einige Personen bei uns stressiger ist als für andere, weil die Arbeitsverteilung sehr ungleich ist. Manche in der Fraktion übernehmen weniger Aufgaben. Und das ist nicht nur für die Abgeordneten unfair, sondern natürlich auch immer für das zugehörige Büro, in dem die Mitarbeiter*innen dann viel mehr abpuffern müssen als in anderen.

ADB: Das betrifft ja auch nicht nur Mitglieder des Bundestags, sondern alle Angestellten im Bundestag. Wenn wir bis nachts um vier im Bundestag sitzen, müssen auch Saaldienst, Sicherheitskräfte oder Garderobieren bis um vier Uhr bleiben. Und wenn im Haushaltsausschuss die Bereinigungssitzung stattfindet, müssen Mitarbeiter*innen noch morgens um fünf Hunderte Seiten Kopien erstellen und verteilen.

Die Arbeitsbelastung und die gesundheitlichen Auswirkungen sind also sehr präsent im Bundestag. Dennoch wird kaum öffentlich darüber gesprochen. Es macht durchaus Schlagzeilen, wenn ein Abgeordneter ein Burnout erleidet, aber man hat gleichzeitig das Gefühl, dass das Thema mentale Gesundheit tabuisiert wird. Wie sehen Sie das?

ADB: Ich glaube, das Thema wird immer noch ganz klassisch mit Schwäche in Verbindung gebracht und ist deshalb nach wie vor ein Tabu. Bei uns gab es Mitglieder in der Fraktion, die die Reißleine ziehen mussten, weil sie ein Burnout hatten und deswegen aus bestimmten Funktionen zurückgetreten sind. Es war ein offenes Geheimnis. Es wurde aber nicht ausgesprochen. Und das ist typisch.

PP: Was mich am meisten gestresst hat und immer noch stresst an meinem Mandat, ist die Tatsache, dass ich gefühlt zehn Mal am Tag die Rolle wechsle. In den Sitzungswochen, wenn dein Team sich nicht an das Versprechen hält, eine Mittagspause einzuplanen, hast du teilweise im Halbstundentakt Termine, Termine, Termine, und dann Lobbytermin 1, Lobbytermin 2, Lobbytermin 3, Schulklasse, ein Koalitionsgespräch und du musst dich immer innerhalb der fünf Minuten, in denen du den Raum wechselst, einmal komplett umstellen. Bei Gesprächen mit Lobbyisten musst du so sehr kontrolliert sein, nicht zu viel sagen, Schmeicheleien abperlen lassen. Du musst aber auch gut erwidern, wenn sie Unsinn reden. Danach gehst du zu der Schulklasse und musst innerhalb von fünf Minuten offen und spontan sein und bereit, möglichst authentisch viel von dir zu erzählen. Und dieses Umschalten machst du zehn, zwanzig Mal am Tag und das ermüdet.

Würden Sie sagen, dass aufgrund unzureichender »Robustheit« bestimmte Persönlichkeitstypen eine Karriere in der Politik vermeiden sollten? Oder brauchen wir ausgerechnet diese Menschen, um die Strukturen zu ändern?

PP: Wir müssen anerkennen, wie Politik gerade funktioniert, und Menschen, die sich auf ein Mandat oder ein Amt bewerben, sollten sich klarmachen, ob sie das aushalten können. Ansonsten tun sie sich selber keinen Gefallen. Auch robusten Personen kann es passieren, dass sie in das Burnout rutschen. Aber das wird meistens nicht offen kommuniziert. Die Person sagt etwa, es sei ihr gerade ganz wichtig, sich Zeit für die Familie zu nehmen. Aber es gibt Wege, um Arbeitsbelastung und psychische Belastung anzupassen. Was mich im Bundestag geprägt hat, ist der Umgang mit Stress durch ältere Kolleg*innen. Auffällig ist hier der Kompensationsmechanismus Alkohol und der Kompensationsmechanismus »abends allein in Berlin, ich brauche Gesellschaft und suche sie mir bei Mitarbeiterinnen, die mein Selbstwertgefühl am Abend beim Wein stärken«. Ich habe das Gefühl, dass das in unserer Generation weniger vorkommt. Aus meiner Sicht ist das signifikant.

ADB: Das finde ich interessant. Ich erinnere mich an ein Ereignis im November 2019. Zwei Abgeordnete sind an einem Tag umgefallen, mitten im Plenum. Da gab plötzlich viel Öffentlichkeit, und auch ich hatte mich in einem Twitter-Thread dazu geäußert und zum Beispiel thematisiert, dass selbst Wasser trinken im Plenum verboten ist, was ich immer noch völlig absurd finde. Tatsächlich versprach mir Parlamentspräsidentin Bärbel Bas bei ihrem Antrittsbesuch in der Linksfraktion, sich dafür starkzumachen, dass Wasser erlaubt wird, das ist aber bisher noch nicht geschehen.

Jedenfalls schrieb ich vom Trinkverbot im Plenum und anderen Arbeitsbedingungen in einem Twitter-Thread und es gab viel Resonanz darauf, unter anderem ein *SPIEGEL*-Interview. Aber in meiner eigenen Fraktion wurde ich angefeindet dafür, wie unangemessen das sei. Denn Pflegekräfte und Bergarbeiter arbeiten auch sehr viel, bekämen aber weniger bezahlt, da dürfe man nicht »jammern«. Dieses Argument verstehe ich aber nicht. Als Linke muss ich doch für gute Arbeitsbedingungen überall sein, also auch für Pflegekräfte und Bergarbeiter, aber eben auch in der Politik. Denn wenn man derart schlechte Arbeitsbedingungen in der Politik hat, kommt ziemlich sicher auch schlechtere Politik dabei heraus, die am Ende der ganzen Gesellschaft schadet. Niemand will doch von einer Chirurgin operiert werden, die seit 16 Stunden am OP-Tisch steht, und jeder kann das nachvollziehen, aber auch Politiker*innen sind Menschen und keine Roboter und machen mehr Fehler, wenn sie völlig überarbeitet sind.

Der Bundestagsvizepräsident Wolfang Kubicki hat sich auch damals dazu geäußert.

ADB: Ja. Er war der Meinung, man solle nur dann Mitglied des Bundestags werden, wenn man damit kein Problem hat. Er habe auch sieben Jahre keinen Urlaub gehabt und komme prima damit klar.

Wie zur Hölle kann man stolz darauf sein und das als Vorbild begreifen, dass man sieben Jahre keinen Urlaub hatte? Ich fand das unfassbar. Weil ich öffentlich gefordert hatte, dass man im Plenum Wasser trinken dürfe, thematisierte Kubicki das öffentlich im Plenarsaal und unterstellte mir, dass ich aus dem Plenarsaal eine Imbissbude machen wolle. Ich hatte von Wasser gesprochen, nicht von Bier und Pommes, und wurde in dieser Weise von ihm abgekanzelt. Das war schlicht bodenlos. Da muss sich wirklich etwas verändern. Ein Generationswechsel kann dazu beitragen. Als in dieser Legislatur sehr viele junge Grüne reingekommen sind, hatte ich den Eindruck, dass sie solche Vorstellungen auch ablehnen. In Holland haben sie für das Parlament sogar spezielle Wasserflaschen, mit Logo des Parlaments drauf, wo man den oberen Teil abdrehen kann und der ist dann als Becher nutzbar. Diese Flasche passt unter jeden Wasserhahn. So etwas könnten wir doch auch einführen! Abgeordnete könnten diese wiederverwendbare Flasche selbst bezahlen und man könnte das Trinken von Wasser nur damit erlauben. Dann sieht es nicht nach Imbissbude aus, weil es einheitliche Flaschen mit Bundestagslogo wären, und man könnte die Flaschen sogar als Souvenir im Bundestagsshop verkaufen. Diese Veränderung möchte ich noch erreichen, bevor ich aus dem Bundestag ausscheide, kürzere Tagesordnungen werde ich wohl nicht schaffen können.

Ich sehe schon die Schlagzeilen in der Presse: »Heute debattiert der Bundestag über Flaschen für Abgeordnete«.

ADB: Das wird ohne Debatte laufen, weil der Ältestenrat entscheiden wird.

PP: Einen Beitrag in der *BILD*-Zeitung wird es aber geben!

Gab es für Sie Momente, wo Sie gedacht haben, das, was ich gerade erlebe, in der Partei oder im Bundestag, das will ich nicht mehr? Wenn es so weitergeht, dann bin ich raus?

PP: Was immer wieder herausfordernd ist, ist die fehlende Zeit für Kommunikation, vor allem in der Familie, und die Dualität zwischen Sitzungswoche und Wahlkreiswoche. Das Mandat hat natürlich auch Auswirkungen auf Partnerschaften, je nachdem wie die Sitzungswochen laufen. Viele Beziehungen gehen kaputt und damit auch familiäre und soziale Strukturen, die als Schutzfaktor für hohe Anforderungen im Beruf wichtig sind. Es ist ein Aspekt, der weniger beleuchtet ist.

Jedes Mandat ist eine große Hypothek für jede Familie. Natürlich ist es extrem schwer, wenn man wenig zeitliche Ressourcen hat, zu erklären, warum man gerade so fertig ist, wann man wie fertig ist und oft über bestimmte Sachen auch nicht reden darf.

ADB: Nachdem ich mich in meinen ersten zwei Jahren zu viel überarbeitet hatte, bekam ich alle möglichen Symptome. Ich hatte zum Beispiel zwei Jahre lang Dauerbrechreiz und wochenlangen Dauerschwindel, als wäre ich betrunken, nur ohne Alkohol. In solchen Phasen zog mich die Bundestagsärztin aus dem Verkehr, zweimal. Ich war am Ende und völlig kraftlos. Ich konnte mich nicht mehr richtig konzentrieren, brauchte für einfache Aufgaben ewig, hatte tagelang Migräne. Dazu kamen immer wieder Herzrhythmusstörungen und irgendwann eine Gürtelrose im Gesicht. Ich war ein Wrack. Nach manchen Phasen extremer Belastung bin ich einfach wochenlang ausgefallen, zum Beispiel nach manchen Delegationsreisen. Es ist einerseits großartig, irgendwohin zu fahren und Dinge zu sehen, die man sonst nie zu sehen bekommen würde. Es ist aber gleichzeitig sehr anstrengend. Ich war mal mit dem Ausschuss für Entwicklungszusammenarbeit auf einer Delegationsreise in Lateinamerika. In sechseinhalb Tagen sind wir achtmal geflogen. Darunter drei Nachtflüge und mehrfach mussten wir um vier Uhr oder noch früher aufbrechen. Dazu kamen neun Stunden Zeitverschiebung, keine Pausenzeiten oder Freizeit am Wochenende und mehrere Tage waren wir auf 4000 Meter Höhe.

Danach habe ich sechs Wochen gebraucht, um wieder normal arbeitsfähig zu sein. Drei Wochen war ich krankgeschrieben. Dieser krasse Schlafentzug und das Fehlen jeglicher Erholungszeiten, nebenbei von früh bis spät am Abend Termine, das habe ich körperlich nicht ausgehalten, und dann bekam ich noch die Höhenkrankheit, hatte deshalb Tag und Nacht Herzrasen und Sauerstoffmangel. Ich wurde häufig nach Delegationsreisen krank, weil sie fast immer aberwitzig geplant sind. Aber auch Abgeordnete sind biologische Wesen und das sollte man bei der Planung berücksichtigen. Drei Nachtflüge, überhaupt acht Flüge in sechs Tagen müssen einfach nicht sein, der CO_2-Fußabdruck kommt ja auch noch dazu.

Frau Piechotta, wenn Sie eine herausfordernde Situation in Bezug auf Ihr Mandat aussuchen würden, welche wäre das?

PP: Die letzten Haushaltsverhandlungen waren sehr fordernd. Das war das erste Mal, dass wir mitten in der Nacht noch völlig neue Vorschläge erarbeiten mussten, wo ich nach vier Uhr nachts mit Mitarbeiter*innen zusammensaß – das ist was anderes als nachts nur noch abstimmen und diskutieren zu müssen, was einfacher ist. Aber mit sowas komme ich gut klar.

Und eins dürfen wir nicht vergessen: Man lernt dazu. Anke hat gesagt, was sie alles nicht wusste. Da steckt implizit drin, was sie dann gelernt hat. Ich habe zum Beispiel gelernt, wie man in Sitzungen schläft. Du musst ja oft nur anwesend sein und dann kannst du den Schlaf auch strategisch einsetzen. Wenn ich einem Politiker zeigen möchte, dass ich seine Politik ablehne, schlafe ich jetzt einfach direkt vor ihm ein. (Sie lehnt sich zurück und führt es vor.) Du ziehst einen Stuhl ganz nah an den Tisch, sodass zwischen deinen Oberkörper, Tisch und Stuhl nichts mehr passt. Und dann verschränkst du die Arme vor dem Körper und dein Körper fühlt sich so eingepackt an, dass du einfach wegschläfst. Die Linken-Politikerin Gesine Lötzsch ist dafür berühmt, genauso wie manche CDU-Politiker. Auch die können wirklich in jeder Situation schlafen und dann punktgenau aufwachen. Und Kurzschlaf bringt extrem viel. Es hilft mir sehr, dass ich das gelernt habe.

Gibt es Unterschiede zwischen Männern und Frauen rund um das Thema mentale Gesundheit? Sind Frauen eher gefährdet?

PP: Das sind unterschiedliche Risiken. Viele Männer neigen eher zum Trinken, ältere Männer extrem viel. Bei den Frauen liegt das Problem eher beim Schlafmangel, wie Anke schon angedeutet hat. Kumulierender Schlafmangel und die Zerrissenheit bei Müttern, die kleine Kinder haben. Man kann das Gefühl bekommen, nicht genug Zeit zu haben. Es gibt am Ende beides auf beiden Seiten. Aber es ist unterschiedlich häufig.

ADB: Ja, Frauen haben in gewisser Weise einen anderen und mehr Druck, einfach durch die unterschiedlichen Rollen. Ich glaube, es ist viel seltener, dass Frauen Partner haben, die ihnen den Rücken freihalten, im Vergleich zu Männern. Männer können häufiger nach Hause kommen und dort entspannt die Füße hochlegen. Nicht überall natürlich, aber der Durchschnitts-MdB ist ein konservativer Mann mit solchen Familienverhältnissen. Das ist natürlich viel einfacher. Und wir haben außerdem das Thema digitale Gewalt gegen Frauen, die eine andere Form der Gewalt ist, als sie

Männer erleben und die Frauen in einer anderen Weise betrifft. Wenn Frauen zum Beispiel Vergewaltigungsdrohungen bekommen und man inzwischen weiß, dass 40 % aller Frauen tatsächlich physische Gewalt und/oder sexualisierte Gewalt erlebt haben, dann ist das für viele eben keine leere oder nur theoretische Drohung. Ich bin selbst Überlebende sexualisierter Gewalt und wenn mir jemand mit einer Vergewaltigungsdrohung kommt, triggert das jedes Mal was. Dann habe ich sofort den Film, bin in der Erinnerung und alles ist wieder da. Vielen Frauen gehen solche Drohungen auch dann nahe, wenn sie das gar nicht selbst erlebt haben, aber Frauen mit Gewalterfahrungen kennen. Bei Männern sind sowohl die Drohungen als auch die Hintergrunderfahrungen anders und damit auch die Auswirkungen auf die mentale Belastung. Sexismus und Patriarchat wirken auch in der Politik.

Was können wir tun? Wie können wir die Menschen schützen, die im Parlament sind – strukturell und persönlich? Was kann man tun, um das entweder auszuhalten oder es anders zu haben?

PP: Ich glaube, es tut sich schon was. Die Abgeordneten, die ein bisschen anders ticken und nicht nach dem Motto »nur die Harten kommen in den Garten« handeln, halten aus meiner Sicht jetzt gut zusammen. Es ist eine Generationenfrage. Wenn man sich einig ist, dann kriegt man auch bestimmte Sachen durch. Wir müssen ohnehin auch als jetzt nachkommende Generation darauf reagieren, dass Politik einfach noch komplexer geworden ist. Die ganze Social-Media-Arbeit und die Taktung von Presseanfragen: Mich rufen Sonntagabend um 22:00 Uhr Journalisten an für Themen, die keine Dringlichkeit haben. Es ist wichtig, Grenzen zu setzen und zu erkennen, wann sich der Aufwand lohnt. Wir haben am Anfang ein Mentoringprogramm für neue Abgeordnete, in dessen Rahmen uns erfahrenere Abgeordnete erklären, was eine schlaue Büro- und Terminkalenderstruktur ist, welche Prioritäten wir setzen sollen. Menschen mit einer soliden Persönlichkeitsstruktur, Robustheit und Belastbarkeit kriegen das aus meiner Sicht hin und andere haben auch unter den besten Bedingungen Schwierigkeiten. Politik wird immer ein Stück weit unberechenbar bleiben, weil sie auf das reagieren muss, was gerade passiert. Aber das Tagesgeschäft und die Routine besser zu organisieren, ist hilfreich. Auch die Mitarbeiter sind bei der Veränderung ein wichtiger Faktor: Sie wollen nicht mit zu Sitzungen um 22:00 Uhr. Das war früher anders. Ältere Abgeordnete fordern das auch noch anders ein. Auch den Pressevertretern tut diese lange Arbeitszeit nicht gut. Man kann sagen, spätestens nach zehn oder zwölf Stunden ist Schluss. Man könnte eine obligatorische einstündige Mittagspause bei Plenarsitzungen einführen. Ein paar Grundregeln sollte man einführen.

ADB: Ich habe tatsächlich in meinem Leben noch nie so oft Hunger gehabt wie im Bundestag, und trotzdem habe ich zugenommen. Das hat auch mit diesem Lebensrhythmus zu tun, dass man tagsüber nicht zum Essen kommt, und das dann spätabends nachholt. Erst nach drei Jahren gab mir ein Fraktionskollege den Tipp: »Mach doch einfach Termine mit Essensgelegenheiten!« Da war ich einfach nicht von selbst draufgekommen! Seitdem mache ich ab und zu Termine mit Mittagessen.

Ich habe mir auch angewöhnt, Auszeiten fest einzuplanen, für durchgearbeitete Wochenenden als Ausgleich in Wahlkreiswochen mal freizunehmen und drei Wochen Urlaub im Sommer zu machen. Ich versuche da auch wirklich nicht zu arbeiten, was inzwischen zu 90 Prozent klappt. Und ich habe jetzt auch eine Woche Urlaub im Frühling, die in Stein gemeißelt ist, und wo mein Team weiß, da bin ich verreist mit meiner Familie. Das war aber ein Prozess, der nicht so leicht war, weil man als Frau Anforderungen hat, als Mutter, als Ehefrau und Partnerin, als Freundin, als ehrenamtlich Engagierte. Ich habe dann einfach auf allen Seiten meine eigenen Anforderungen abgesenkt. Wenn von allen Seiten die Vorwürfe kommen, dass man diese verschiedenen »Rollen« nicht gut genug erfüllt, dann erkläre ich, dass es eben nicht anders geht, und dass ich mich z. B. jetzt ans Spinnrad setzen und spinnen muss, um runterzukommen, und deshalb jetzt nicht aufräumen kann. Es ist doch völlig ausgeschlossen, alle diese Rollen hervorragend auszufüllen. Das heißt aber auch, dass das nur mit einem großartigen Partner geht, der da mitspielt; und selbst da ist es schwierig.

PP: Ja, und man sollte wenig Alkohol trinken, sein Gewicht unter Kontrolle haben und Sport machen. Also die Basics für ein gesundes Leben beachten. Sport ist unglaublich wichtig und aber auch Auszeiten. Da sieht man zum Beispiel auch bei den manchen männlichen Kollegen aus dem konservativen Spektrum: Sie machen zu Ostern, im Sommer, im Herbst jeweils zwei Wochen Urlaub und sie arbeiten zwischendurch sehr viel. Aber sie nehmen sich eher diese Pausen, habe ich das Gefühl, als Frauen in linken Parteien. Da muss man, glaube ich, auch noch mal ran. Das ist eine von vielen Herausforderungen.

Das Interview führte Cécile Weidhofer am 08. Mai 2024.

KAROLINE PREISLER

Die Volljuristin und Politikerin Karoline Preisler wurde 1971 in Ost-Berlin geboren. Preisler ist seit 1985 politisch aktiv und seit 2013 Mitglied der FDP. Die *Jüdische Allgemeine* titelt »Frau mit Haltung«, die *BILD* nennt Preisler »Deutschlands mutigste Demonstrantin«.

Karoline Preisler ist der Auffassung, dass sich Politik und Staatsvolk auf der Straße auf Augenhöhe begegnen müssen. Über ihre Begegnungen berichtet sie in diesem Buch.

Foto: Yalcin Askin

MAN(N) WIRD SIE SCHLAGEN!

Liebe Gesamtheit,

mein Leben in der Politik ist schön. Diese Versicherung stelle ich meinem Text voran, weil ich Ihnen von Erfahrungen berichten möchte, ohne ein Blatt vor den Mund nehmen zu müssen.

Warnung: Im Text finden sich drastische Sprache, Gewaltdarstellung und sexuelle Inhalte. Bedenken Sie das bitte, wenn Sie sich meinem Text zuwenden.

Ich habe keine politische Karriere, wie man sie sich vorstellt. Mir steht kein Abgeordnetenbüro zur Verfügung, Diäten kenne ich nur von der nachweihnachtlichen Fastenkur. Politikerin wurde ich, weil ich unerledigte Arbeit sah und sehe. Jemand muss sie tun. So empfinde ich das. Sinnvolle Arbeit macht mich glücklich.

Aktenkundig wurde meine politische Betätigung erstmals im Frühling 1985 in Ost-Berlin. Da war ich 13 Jahre alt. Ich werde zeitlich etwas früher mit dem Engagement angefangen haben. Und aufgefallen sein. Meine Jugend verbrachte ich in der früheren DDR, der SED-Diktatur. Dort wurde ich politisch. Wir wollten Kunstfreiheit, Umweltschutz und Reisefreiheit, freie Presse und das Anerkenntnis von politischen Fehlentscheidungen. Ich äußerte mich frei und schrieb fleißig auf, was ich so dachte und ändern wollte. Das führte dazu, dass mich der Staatssicherheitsdienst im Frühling 1985 in der Abteilung M erfasste. Abteilung M hieß Briefkontrolle und -auswertung. So begann mein Leben als Teenager-Politikerin. Es folgten ereignisreiche Jahre als junge Erwachsene und eine friedliche Revolution. Doch die sind heute und hier nicht mein Thema.

Wenn ich Ihnen nachstehend von meinen jüngeren Erlebnissen als politischer Mensch berichte, behalten Sie bitte im Hinterkopf, dass wir uns 1989 aus einer Diktatur befreiten. In der früheren DDR wurden politisch Andersdenkende hingerichtet, gequält, isoliert, an der Mauer erschossen. Es wurden Anschläge auf Künstlerinnen und Künstler verübt und Kinder zwangsadoptiert, wenn die Eltern der Führung nicht in den Kram passten. Lassen Sie uns heute daher *nur* über die Bundesrepublik Deutschland, unsere Demokratie, sprechen. Den Abgrund und die Diktatur kennen wir alle. In einer Diktatur geht die Gewalt von der Führung aus und trifft das Volk. Aktuell erleben wir Gewalt aus und gegen Gruppen. *Das* soll nachstehend mein Thema sein.

Bevor ich Ihnen von meinen Erfahrungen berichte, erlaube ich mir die Bemerkung, dass Gewalt andere Politikerinnen ganz sicher ebenso heftig trifft und sehr wahrscheinlich auch oft schlimmer.

WAS BISHER GESCHAH

Mein neues politisches Leben habe ich mir hart erarbeitet und ich genieße diese Möglichkeit der Teilhabe sehr. Ich bin keine Abgeordnete, doch ich arbeite zum Beispiel im Bundesfachausschuss Kirche, Religions- und Weltanschauungsgemeinschaften der FDP mit und engagiere mich überall – also auch dort – für eine bessere Innenpolitik. Ab und zu schreibe ich politische oder juristische Texte.

Neben der Gremienarbeit suche ich bei öffentlichen Versammlungen das Gespräch mit Menschen, die ihr Vertrauen in die Politik verloren haben. Das tue ich als Teil einer feinen Organisation. Sie heißt: das Staatsvolk. »Alle Staatsgewalt geht vom Volke aus«, steht u. a. in Artikel 20 unseres Grundgesetzes. Zu diesem Volk gehöre ich. Ich bin also in bester Gesellschaft.

Meine politische Arbeit ist bunt und vielfältig. In Mecklenburg-Vorpommern kritisierte ich hart eine Novellierung des Polizeigesetzes (SOG M-V). Es war schlecht für die Polizei und schlecht für die Bürgerrechte. Es dauerte mehrere Jahre, bis die Kritikpunkte dazu führten, dass das Bundesverfassungsgericht diese Novellierung kippte. Politik wird in meinen Maßstäben also nicht an Legislaturperioden und Wahlen gemessen. Diese Erkenntnis gibt mir eine große Freiheit. Gewählte Parlamentarier haben diese Freiheit nicht. Die müssen sich bereits nach einer erfolgreichen Wahl schon mit ihrer Wiederwahl beschäftigen. Meine Zielgruppe ist größer als die eines Parlamentariers. Ich will auch die Nicht- und Protestwählerschaft erreichen. Mein Ziel ist es, sie für alle Parteien im demokratischen Spektrum und für demokratische Handwerkszeuge zu begeistern. Dadurch bin ich oft bei Veranstaltungen zugegen, wo man wütend auf die Politik und somit wütend auf mich ist. Das sind überwiegend öffentliche Versammlungen, die nach dem Versammlungsgesetz angemeldet sind und unter freiem Himmel stattfinden. Aber nicht alle Menschen, die ich vor Ort treffe, haben ein Interesse daran, die Situation zu verbessern, haben ein Interesse an Demokratie. Oft wählen sie Gewalt als Mittel der Auseinandersetzung. Ich biete Gespräche an und höre gut zu. Wut allein ist ja noch kein Rezept. Zu oft gilt die Gewalt dann mir. Ich halte das für Energieverschwendung. Also biete ich an, aus der Wut eine Verbesserung der Situation anzustoßen, zeige Möglichkeiten auf. Diese Möglichkeit hat das Bundesverfassungsgericht bereits 1984 (BVErfGE 84, 203 ff.) aufgezeigt. Ich lebte jedoch damals noch hinter Mauern und weit von Versammlungsfreiheit entfernt.

In den letzten Jahren passierte mir u. a. das Folgende:

In Mecklenburg-Vorpommern stieg jemand in unser Haus ein und sengte – sehr wahrscheinlich mit einem Bunsenbrenner – Hakenkreuze in die Decke. Bei anderer Gelegenheit standen fertige Molotowcocktails auf unseren Mülltonnen. Während der Flüchtlingsherausforderung nach 2013 wurden – mutmaßlich von Rassisten – öffentliche Fahndungsaufrufe u. a. gegen mich gerichtet, entsprechende Plakate geklebt. Als Großstädterin mit Familienwohnsitz in Vorpommern hatte ich in der Kleinstadt die gesellschaftlichen Herausforderungen angenommen und mich in meiner neuen Heimat kommunalpolitisch engagiert. Das waren Reaktionen auf mein Tun.

Die rechte Extremistengruppe Nordkreuz erstellte eine umfangreiche Feindesliste und führte u. a. mich auf, sie plante den Kauf von Leichensäcken und Löschkalk, hortete Waffen. Während der Coronapandemie in den Jahren 2020 und 2021 wurde im Internet dazu aufgerufen, mich vor ein Erschießungskommando zu stellen. Es gab eine neue Form des vermeintlichen Widerstands, die sich nicht einfach dem Rechts- oder Linksextremismus zuordnen ließ. Diese Akteure beriefen sich auf Artikel 20 Abs. 4 GG. Dort werden Voraussetzungen genannt, nach denen man ein Widerstandsrecht hat. Doch Tatsache ist, DIESE Aktivisten lehnten sich einfach gegen unseren Rechtsstaat auf. Ich traf sie bei Versammlungen der Impfgegner. Von Impfgegnern wurden diverse delegitimierende und antisemitische Feindeslisten mit meinem Namen bestückt.

Mein damaliger Mann (zu dieser Zeit war er Mitglied des Bundestags) erhielt eine Mitteilung, wonach ihm jemand »einen Überfall, Einbruch mit Waffengewalt und die Entführung Deiner Frau und der Kinder, sofern vorhanden, reicht sonst auch Deine Mutter« wünschte. Zwischen 2020 und 2022 mussten wir aus Sicherheitsgründen mehrfach für einige Wochen die Wohnung verlassen und die Kinder von einem Zufluchtsort aus zur Schule bringen. Im Sommer 2023 besuchte ich zur Gegenrede eine Versammlung extremer Linker zum Thema Putin und Krieg. Ein Teilnehmer schlug mich heftig und konnte danach nur von herbeieilenden Passanten auf Abstand gehalten werden. Einen Monat später schickte mir jemand einen Galgenstrick in die Wohnung, in der ich mit meinen schulpflichtigen Kindern lebe.

Im Herbst 2023 nahm ich zur Gegenrede an einer öffentlichen Versammlung rechter Delegitimierer (Die Partei Die Basis, der III. Weg und Impfgegner hatten sich mit Politikern der AfD zusammengetan) am Brandenburger Tor teil und wurde von einem jungen Mann körperlich attackiert. Im Januar 2024 stieß ein Journalist auf eine gegen mich gerichtete Morddrohung aus antisemitischen Kreisen. Im Internet kursieren Videos und Bilder sowie Texte rechter, linker, antisemitischer und delegitimierender Personen über mich. In den Kommentaren darunter werde ich verhöhnt, mein Äußeres wird lächerlich gemacht, sexuelle Beleidigungen nehmen überhand, Gewalt wird gebilligt.

UND NUN?

Ich bin seit einiger Zeit alleinerziehend und ernähre ganz normal durch meine Arbeit als Juristin meine Kinder. Politik ist »nur« mein gefährliches Ehrenamt. Es ist eine Herausforderung, sich in der Öffentlichkeit zu bewegen und gleichzeitig sicher zu sein.

Wir haben daher ein Sicherheitsnetz gespannt. Meine Geschwister und deren Familien kennen unsere Situation und stehen uns bei. An unserer Tür hängen Notfallkontakte für den Fall, dass ich einmal nicht nach Hause komme. Die Kinder und ich wissen, dass unsere Nachbarinnen im Haus wachsam und zugewandt sind.

Im Alltag habe ich das große Glück, Unterstützung zu erhalten. Dazu gehören etwa hier ein Sicherheitscheck der Wohnung durch den CDU-Mann, dort ein Sicherheitshinweis vom FDP-Kollegen, Journalisten teilen Informationen mit mir, wenn sie meine Sicherheitslage betreffen, Solidarität oder Sichtbarkeit durch Beistand einer SPD-Frau. Sichtbarkeit zum Beispiel durch Presseberichte hat mir hier spürbare Unterstützung beschert. Das bedeutet mir viel. Digital erlebe ich ebenfalls Unterstützung. Es gibt keinen Shitstorm, den ich allein aushalten muss. Die digitale Verbundenheit ist kraftvoll.

Sichtbarkeit gleicht aus, was mir womöglich an Körperkraft oder Personenschutz fehlt. Außerdem habe ich in jeder echten Notsituation beste Erfahrungen mit der Polizei und dem Staatsschutz gemacht. Ich zeigte in der Vergangenheit nicht alles an, aber wenn es darauf ankam, war die Polizei zuverlässig da. Während ich das hier schreibe, liegen schon wieder drei Anhörungsbögen der Polizei auf meinem Schreibtisch. Sich zu behaupten, bedeutet sehr viel Schreibarbeit, die ich neben meiner Vollzeitarbeit, der Familie und dem politischen Engagement aufbringen muss. Ich setze Prioritäten und habe stets ein schlechtes Gewissen.

Trotzdem werde ich niemals in meinem Leben vergessen, wie dieser Galgenstrick auf unserem Wohnzimmertisch lag. Zwischen den Spiel- und Schulsachen der Kinder. Mitten in unserer Privatsphäre. Oder die Sache mit den Hakenkreuzen in der Decke oder die Molotowcocktails. Ich denke dann, dass es Menschen gibt, die Häuser in Brand stecken, während Kinder darin schlafen. Wir wissen das alle längst. Es geht mir womöglich wie allen Menschen – betrifft es (meine) Kinder, bin ich schockiert und zunächst erstarrt, dann wütend und sehr hart in der juristischen Antwort. Drohungen gegen sie nehme ich nicht hin. Aber es zerreißt mich, wenn ich an die stets vorhandene Gefahr denke. Wir sind uns als Familie sehr nah und besprechen das. Und ganz ehrlich: Wir haben einen Notfallplan. So richtig mit Codewort für fremde Abholer, Notfalltasche, Notfallgroschen usw. So ist es für uns alle leichter. Später werden wir hoffentlich darüber lachen.

Die Gefahr ist zwar stets vorhanden, aber ich denke während der politischen Arbeit nicht ständig an sie. Wir haben Sicherheitsvorkehrungen getroffen und sind wehrhaft. Ich verlasse mich auf die Wirksamkeit der Maßnahmen und führe mir vor Augen, dass Einschüchterung gezielt gegen politisch aktive Menschen eingesetzt wird. Dann berappele ich mich und mache weiter. Inzwischen lerne ich auch von meinen Kindern. Die eine Tochter ist Klassensprecherin, ein Sohn ist in Sachen Klimaschutz unterwegs. Wir tauschen uns aus und werden dadurch alle besser. Dafür lohnt es sich.

FRAULICHKEIT UND SO

Ist der Politikbetrieb – also Legislative, Exekutive, Parteien und Vorfeldorganisationen, inhaltliche Politik, aber auch prozessbezogene Tätigkeiten, wie politische Kommunikation – anders zu Frauen? Auf jeden Fall! Ein Beispiel: Bei einer zurückliegenden Europawahl bewarb ich mich um einen Listenplatz in meinem damaligen Landesverband.

Es lief in etwa so:

Die erste Bewerbungsrede kam von einem Juristen. Er stellte sich vor. Er sei Anwalt, habe vier Kinder und dann sagte er einige Sätze zu seinem Programm.

Die zweite Bewerbungsrede kam von einer Juristin. Von mir.

Ich stellte mich wie folgt vor: Ich sei Anwältin, ich hätte vier Kinder und ich sagte einige Sätze zu meinem Programm.

Danach waren Fragen aus dem Plenum zugelassen. Die erste Frage eines Mannes ging an mich. Er fragte, warum ich meine vier Kinder erwähnen würde und wohl glaube, hier die »Frauenkarte« ziehen zu können.

Sexismus und Misogynie werden nicht immer gezielt eingesetzt. Sie sind einfach da. Dem Fragesteller war vielleicht gar nicht klar, dass ich mit meinem Vorredner deckungsgleiche Angaben zur Person hatte.

Ich merke die Unterschiede in der Wahl der Kritikpunkte. Männliche Politiker werden ebenso oft wie Frauen kritisiert, auch unsachlich. Doch die Kritik an Frauen ist oft körperbezogen oder sexistisch. Absender der Botschaften sind in meinem Fall nicht ausschließlich Männer, aber ganz überwiegend. So schrieb mir jemand: »Du kannst dich nicht wehren … da Du schwach bist, Du bist eine frustrierte, unattraktive alte Frau … die durch Gesetze geschützt wird. Ohne Gesetz … bist Du nur ein Opfer.«

Dieselbe Person kommentierte auch: »Wenn ich mir Dich anschaue kommen mir folgende Gedanken: Hässlich, Dumm, Alt, Widerwärtig, Abstoßend, Hasserfüllt, Antifa-Mulle, Schlechter Geschmack, Kein Stil, Böse, Naiv, Respektlos, Hochmütig, Bemitleidenswert, Armselig, Frustriert, Arrogant und vor allem… EKEL«

Im Januar 2024 beteiligte sich auf X (früher Twitter) ein User mit der Bemerkung zu mir an einer Diskussion. Er schrieb: »Denkst du wirklich, die vertrocknete Pflaume hat einen Mann?« Am selben Tag schrieb ein User mit dem Namen »Demokratischer Sozialist«, ich solle weniger dumme Sachen auf Social Media posten und mehr Wäsche waschen.

Es gibt unzählige Kommentare, die mich als frigide, hässlich sowie alt bezeichnen. (Und es tröstet mich auch nicht, dass Posteingänge sowie Kommentare mit Komplimenten, Date-Einladungen und sexuelle Offerten überwiegen. Sachkritik wäre mir lieber. Sachkritik würde uns alle voranbringen!)

Mein letztes Beispiel ist sehr persönlich. Ich gründete vor langer Zeit eine Familie mit einem Mann, der wie ich ehrenamtlich politisch aktiv war. Er wurde später für die FDP ein Mitglied des Bundestags. Während seiner Bundestagszeit blieben die Kinder und ich in der Heimat. Mein Ex-Partner nahm an seinem Arbeitsplatz eine Beziehung mit einer Frau auf, die sie privat fortführten. Seine neue Liebe ist ebenfalls FDP-Mitglied. Wir trennten uns nach vielen Jahren. Es gab großes mediales Rauschen, weil es um Liebe und Politik, Familie und Verrat ging.

Das Interesse kann ich nachvollziehen. Liebesgeschichten im Bundestag haben schon immer fasziniert. Man hätte – so meine

Ansicht – an dieser Stelle über das Wechselmodell für getrennte Eltern, die Last der Alleinerziehenden, über die längst fällige Reform des Familienrechts schreiben können. Die Abwesenheit von Mitgliedern des Bundestags von ihren Familien und die Strapazen des Parlamentsbetriebes hätten beleuchtet werden können. Compliance im Politikbetrieb und sexuell aufgeladene Arbeitsatmosphären hätten Inhalt sinnvoller Debatten werden können. Bis heute haben nicht alle im Bundestag vertretenen Parteien eine Complianceregelung für das Verhalten der Parlamentarier, Parteimitglieder untereinander und gegenüber der Mitarbeiterschaft bzw. Gästen. Es gibt im Bundestag durch die Verwaltung Regelungen, aber die Selbstverpflichtung der Parteien sucht man überwiegend vergebens.

Mir persönlich machen frauenfeindlichen Kommentare nichts aus. Ich bin nicht eitel. Doch ich bemerke, dass mit dieser misogynen Kultur eine Akzeptanz der Gewalt gegen Frauen einhergeht. Dass sich Rape Culture etabliert. Darin sehe ich eine große Gefahr. Wir schrecken junge Nachwuchspolitikerinnen mit diesem Klima ab. Zeugin zu sein, wie andere Frauen gezielt gedemütigt und beleidigt werden, finde ich inakzeptabel. Hier werde ich dann laut.

BOCK AUF DRESCHE?

Nun, ich will ehrlich zu Ihnen sein: Als erwachsene Frau kann man zwischen vielen Ehrenämtern und Tätigkeitsfeldern wählen. Viele Vereine, Kindereinrichtungen, Stiftungen und gesellschaftliche Institutionen freuen sich über das Engagement von Frauen. Dort werden Sie unterstützt, geschätzt und können etwas bewirken. Sie werden dort glücklich sein.

Sorglosigkeit und Anerkennung sind in der Politik eher selten. Das betrifft nicht nur die inneren Strukturen von Parteien, die durch Wettbewerb geprägt sind. Das ist auch ein gesellschaftliches Thema. Politik sind angeblich »die da oben« und mithin sind wir Politiker an allem schuld. Doch das sollte nicht dagegensprechen, sich politisch zu engagieren. Politische Arbeit ist sehr befriedigend, unser ganzes Land profitiert davon.

Ja. Man wird Sie in einer Partei oder anderen politischen Beteiligungsform weder voller Freude begrüßen noch fair behandeln. Doch – mit Verlaub – gerade das sollte Sie motivieren, sich dort zu engagieren. Sonst ändert sich nämlich nie etwas. Das Ziel ist erreicht, wenn Männer in der Politik nicht mehr bessergestellt sind. Aktuell sind sie es noch. Das Argument der Besserstellung spricht in meinen Augen auch gegen eine starre Frauenquote, doch das steht auf einem anderen Blatt.

Ginge ich heute in die Politik, wünschte ich mir ein paar Hinweise darauf, dass mich eine gefahrgeneigte Aufgabe erwartet. Ich hätte gerne in meiner Partei oder der örtlichen Polizei eine Ansprechperson für Sicherheit. Jeder Landesverband führt öffentliche Kalender, diese könnten ein Feature vorsehen: »erbitte Begleitung«. So könnten Mitglieder aktiv eingebunden werden und die politisch aktive Frau würde nicht allein auf weiter Flur stehen. Bis dahin kläre ich das in meinem Ortsverband von Fall zu Fall und mit der Polizei, aber es ist nicht ideal, und schon gar nicht schützt es andere Frauen.

Bei der Polizei habe ich mit diesem Anliegen in Berlin tatsächlich sofort Gehör gefunden. Ich bin beeindruckt von der Arbeit der Polizei und deren Professionalität.

Bei meiner Partei sieht es dagegen komplett anders aus. (Und ich wage die Behauptung aufzustellen, dass auch andere Parteien nicht besser sind.) Meine Partei hat zwar auch Ansprechpersonen für diverse Themen rund um sexuelle Belästigung und Fehlverhalten usw. Doch es sind partei-*interne* Fürsorgeeinrichtungen, die das Verhältnis der Mitglieder untereinander regeln. Bei Angriffen von außen wird ausschließlich Schadensbegrenzung für die Partei und deren Ruf betrieben. Die betroffene Person steht allein. So erlebte ich es, als aus dem delegitimierenden Milieu ein Mediensupergau über mich hereinbrach und meine Bewerbung als Verfassungsrichterin anstand. Ich zog zurück.

Politik ist ein hartes Pflaster. Finden Sie sich damit ab oder ändern Sie es selbst!

GESCHLECHTERGERECHTIGKEIT BEGINNT MIT DER WAHRNEHMUNG DER WIRKLICHKEIT

Von Frau zu Frau sage ich heute ehrlich, wie ich Politik erlebe: Niemand wartet dort auf uns, aber alle brauchen uns.

Bemerkenswert finde ich, dass sich die Schelte und die Bedrohung von Rechts und von Links ähneln, sich in ihrer Intensität und sogar im Sexismus nichts nehmen. Politik ist bei den extremen Rändern immer auch Kulturkampf, der gerade dann Frauen in exponierten Situationen ins Visier nimmt. Auch Antisemitismus erlebe ich von links und rechts des politischen Spektrums sowie aus der Einwanderungsgesellschaft.

Als FDP-Frau, Christin, Ostdeutsche und mandatslose Fußgängerin in der Politiklandschaft gehöre ich noch immer einer Minderheit an. Doch – und jetzt müssen wir aufrichtig sein – nichts davon ist mit den Erfahrungen zu vergleichen, die eine schwarze Frau, eine trans Frau, eine Angehörige einer anderen Religionsgemeinschaft aktuell durchmachen müsste. Meine Privilegien sehe ich durchaus. Das bringt mich jedoch nicht dazu, Übergriffe auf mich zu dulden. Meine Duldsamkeit würde die Grenzen nur noch weiter verschieben und Gewalt als Debattenbeitrag legitimieren. Ach, was schreibe ich! Gewalt ist längst zum Debattenbeitrag geworden. Das ist eine beklagenswerte, inakzeptable Entwicklung.

Ich bin Mutter von vier Kindern, Jungen und Mädchen. Alle Kinder engagieren sich politisch, zum Teil in Vorfeldorganisationen, ein Kind ist Mitglied einer Partei. Für meine Kinder und Ihre Kinder, liebe Gesamtheit, wünsche ich mir, dass politisches Engagement ohne Gewalterfahrung auskommt. Zurzeit geht dieser Wunsch nicht in Erfüllung.

Geschlechtergerechtigkeit beginnt mit der Wahrnehmung der Wirklichkeit. Die Wirklichkeit ist aktuell dadurch gekennzeichnet, dass alle politischen Akteure Begegnungen mit sprachlicher oder körperlicher Gewalt haben und Frauen zusätzlichen Gefahren durch Misogynie oder Angriffe auf ihr Familienleben ausgesetzt sind.

UND JETZT DIE GUTE NACHRICHT!

Sich zu behaupten und Politik positiv mitzugestalten, kann man lernen. Ich habe zum Beispiel beim Helene Weber-Kolleg und bei der Konrad-Adenauer-Stiftung sehr gute Veranstaltungsformate erlebt, die konkret auf meine Bedürfnisse als Frau in der Politik zugeschnitten waren.

Ohne unsere eigene Dialogbereitschaft und eine Umkehr der von Politikverdrossenheit aufgepeitschten Mehrheitsgesellschaft gelingt kein Ausstieg aus der Empörungsspirale. Wir alle müssen besser werden, gesprächsbereit sein, Fehler erkennen, benennen und uns für begangene Fehler entschuldigen.

Mit einer Entschuldigung fange ich gleich einmal an: Ich habe mich nie als Feministin gesehen und mit dem Begriff auch selbst gefremdelt. Ich persönlich halte das duale Geschlechtersystem allgemein für überholt und interessiere mich nicht für Genderdebatten. Ich gendere nicht mit Sonderzeichen, bemühe mich aber, alle Menschen so anzusprechen, wie sie es sich wünschen. Im Gegenzug höre ich jeder Person zu, ob sie nun gendert oder nicht. Sprache finde ich wunderbar und ich beobachte, wie kraftvoll und differenziert sie die Lebenswirklichkeit abbilden kann. Kulturkämpfe nehme ich zur Kenntnis und wundere mich oft über die Selbstgerechtigkeit einiger Akteure (m/w/d). Das kann auch damit zusammenhängen, dass ich ganz fest an Selbstbestimmung glaube, eine zufriedene Frau bin, sehr lange schon Selbstwirksamkeit erlebe und einige Feministinnen voller Machttrunkenheit keine Gleich-, sondern Besserstellung fordern.

Doch meine Einstellung hat sich am 7. Oktober 2023 für immer verändert. An diesem Tag überfiel die Hamas von Gaza aus Israel und tötete unzählige Menschen. Zugleich kam es zu schrecklichen Folterungen, systematischen Vergewaltigungen, jeder Form sadistischer sexueller Gewalt und Entführungen. Die Taten wurden von den Terroristen zum Teil live übertragen, Augenzeugen und Opfer berichten ebenfalls davon. Die Angaben sind in einem Bericht der israelischen Vereinigung von Krisenzentren für Vergewaltigungsopfer zusammengetragen und allen zugänglich. Wir kennen Vergewaltigungen als Waffe bereits aus der Vergangenheit. Doch was am 7. Oktober 2023 geschah, wird – bezogen auf die Vergewaltigungen – immer wieder geleugnet oder verharmlost. Leider auch von Frauen. Das hat mich verändert, ich erkenne mein zu geringes Engagement für Jesidinnen, für die Frauen anderer Minderheiten. Mein Versagen ist mir sehr peinlich. Das hat zu einer Verhaltensänderung bei mir geführt.

Deshalb wurde ich nun wohl doch zu einer Feministin. Es war notwendig. Nicht für mich, aber für andere Frauen. Für Frauen, die von anderen keine Rückendeckung erfahren. Für unsichtbare Opfer. Für diese Haltung erfahre ich auch Kritik, manchmal schriftlich, ganz oft mündlich. Ich bewerte das nicht über, aber der Gedanke, dass zunehmend auch sexuelle Gewalt den Debattenraum erobert, macht mir Sorgen.

Diesen Erkenntnisprozess, dass wir in Sachen Gleichberechtigung und Frauensicherheit eher Rückschläge verbuchen, machen aktuell viele Menschen und Institutionen aus unterschiedlichen Gründen durch: Meine Tochter, der auffällt, dass immer eher männliche Schülersprecher gewählt werden, sich deutlich weniger Mädchen zur Wahl stellen. Parteien, die die Hälfte des Wahlvolkes nicht erreichen, wenn sie deren Themen nicht beackern. Die Kirchen ebenfalls.

DAS IST trotzdem EINE GUTE NACHRICHT, weil erst Erkenntnis ein Umdenken ermöglicht.

Kurzfristig erwarte ich keine Veränderung, denn Machtstrukturen sind noch immer männlich dominiert und die wenigen Frauen in Führungspositionen oft mit dem eigenen Machterhalt beschäftigt. Doch ich empfinde es als positiv, diese Realität zu akzeptieren, aber sich nicht damit abzufinden.

Sie, liebe Leserschaft, und ich sind die Veränderung. Es wird dauern, aber wir sind zäh. Denken Sie einfach an die erste Bundestagspräsidentin im Jahr 1972. Ihr Name war Annemarie Renger (SPD). Sie soll zu ihrer Wahl gesagt haben: »Ich habe mich in der Fraktion selber für das Amt des Bundestagspräsidenten vorgeschlagen. Glauben Sie, man hätte mich sonst genommen?«

Seien wir Annemarie.

SICHTBARKEIT SCHÜTZT, DENN NIEMAND WILL ALS FRAUENSCHLÄGER IN DIE ÖFFENTLICHKEIT

Die Realität ist recht einfach: Ich bin eine schmächtige Frau und trage eine Brille. Körperliche Selbstverteidigung ist mir möglich, aber womöglich wegen des Kräfteverhältnisses nicht in jeder Situation sinnvoll. Daraus folgt für mich, dass ich Übergriffe, die ich nicht beherrschen kann, ertrage oder an die zuständigen Behörden weiterleite. Alles andere kläre ich selbst. Auf der Straße diskutiere ich das aus, im Internet lösche und blocke ich Grenzüberschreitungen überwiegend. Ich will keine Sofapolitikerin sein, die sich

24/7 mit Internettrollen beschäftigt. Doch sobald ich im Internet jemanden blocke, ist das Geschrei groß. Egal! Es gibt keinen Anspruch auf Gehör von Herabwürdigungen im Netz. Meine Arbeit findet von Angesicht zu Angesicht statt. Dort ist auch der beste Debattenraum mit dem nötigen Schutz durch Öffentlichkeit. Ich freue mich über jedes Gespräch, denn im Idealfall gehen wir alle hinterher mit mehr Verständnis für andere Positionen und demokratische Prozesse nach Hause.

Netzwerke sind mir wichtig geworden. Netzwerke verbinden Menschen mit ähnlichen Erfahrungen, bringen Motivation, geben Ratschläge und bieten Schutz. Unangenehme und positive Erlebnisse im politischen Alltag teile ich mit der Öffentlichkeit. Davon erhoffe ich mir neben dem erwähnten Schutz zugleich einen Impuls für andere Menschen mit Lust auf politische Teilhabe. Unangenehme Zeitgenossen, die mich gezielt als Opfer ausspähen, dürfte meine Bekanntheit inzwischen (hoffentlich) abschrecken. Diese Sichtbarkeit, die ich gezielt einsetze, um ihren Schutz zu genießen, wird oft kritisiert und hat die ebenfalls von mir geschilderten Schattenseiten. Kritik werden wir immer kassieren, sie macht uns im Idealfall besser und widerstandsfähiger. Für mich ist Sichtbarkeit der Weg. Möge jede von uns ihren eigenen Weg finden.

Liebe Gesamtheit, ich will Sie nach diesem Text nicht in den Alltag entlassen, ohne Ihnen zu versprechen, dass sich alles zum Guten wenden wird. Das wird es. Ich stehe jeden Tag mit der Überzeugung auf, dass unsere liebenswerte, fehlerhafte Demokratie sich entwickeln wird. Wir alle lernen aus unseren Rückschlägen und Erfolgen gleichermaßen.

Alle Staatsgewalt geht vom Volke aus. Wir alle SIND das Volk. Machen wir es gut.

SARAH ZÖLLNER

»Um die Ecke zu denken, das Besondere im Alltäglichen zu erkennen und dort weiter zu fragen, wo andere bereits die Lösung vermuten, macht mich aus!« Sarah Zöllner, geb. 1979, schreibt als Journalistin und Autorin schwerpunktmäßig über die Vereinbarkeit von Familie und Beruf, (familiäre) Fürsorgearbeit und die Stärkung von Alleinerziehenden. Als Autorin des 2023 erschienenen Buches »Mütter. Macht. Politik. – Ein Aufruf!« und Mitinitiatorin der Aktions- und Vernetzungsplattform muetter-macht-politik.de engagiert sie sich auch gesellschaftlich für die Interessen von Müttern und Menschen, die Fürsorgearbeit leisten. 2025 erscheint ihr Buch »Mütter in die Politik!«, ein Praxisbuch für den Einstieg in die (Kommunal-) Politik. Mit ihren zwei Söhnen lebt und arbeitet sie in der Nähe von Heidelberg.

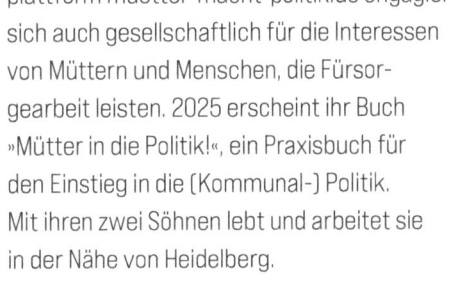

Bild: Sofia Wagner

KEINE ZEIT FÜR POLITIK?
WIE POLITISCHES ENGAGEMENT FÜR
MÜTTER DENNOCH MÖGLICH IST

Mütter in der Politik? Mit kleinen Kindern? »Bei uns gibt's das nicht!«, »Ich bin die Einzige im Rat« oder: »Schön wär's, wenn wir mehr Frauen mit kleinen Kindern im Parlament hätten!« So etwa lauten die Aussagen, die ich höre, wenn ich nach Müttern in der (Partei-)Politik frage. Aber auch: »Es macht unheimlich Spaß, als Bürgermeisterin etwas zu bewegen!«, »Ich wollte das Feld nicht den alten weißen Herren überlassen« und »Als Mutter ist meine Stimme wichtig in der Politik!«. Das sagen die Mütter, die bereits politisch aktiv sind.

Sprechen wir über Mutterschaft und politisches Engagement, müssen wir zwei Tatsachen ins Auge sehen: Erstens, Politik – zumindest wie sie gemeinhin sichtbar wird, verbunden mit politischen Ämtern und öffentlicher Repräsentation – ist für viele Mütter einfach sehr weit entfernt von dem, was ihren Alltag ausmacht. Der Besuch des Kanzlers in China, der Weltwirtschaftskongress, Konferenzen der Ministerpräsident:innen: Natürlich hat das alles irgendwie etwas mit unserem Leben zu tun. Aber zwischen Hausaufgabenbetreuung, der Projektvorstellung auf Arbeit und dem nächsten Kinderschnupfen ist es eben auch sehr weit weg. Wo hier den Einstieg finden in eine Welt, die uns erst einmal fremd ist?

Aber auch wer sich politisch engagieren möchte, tut dies als Mutter mit kleinen Kindern nur selten in der Parteipolitik. Vertreter:innen aller Parteien konstatieren: Wir haben Nachwuchsprobleme. Uns fehlen die jungen Frauen – insbesondere die, die gerade eine Familie gegründet haben! Eine Studie der EAF Berlin bestätigt das. »Mandatsträger:innen in der Familienphase, der sogenannten Rushhour des Lebens, sind in der Kommunalpolitik besonders unterrepräsentiert. Eine Studie repräsentative Analyse aus Nordrhein-Westfalen zeigt: 2017 waren lediglich 10,9 Prozent der Mandatsträger:innen in den Städten und 8,9 Prozent der Mandatsträger:innen in den Kreisen zwischen 36 und 45 Jahre alt. Fügt man die Alterskohorte 26 bis 35 Jahre hinzu, kommt man insgesamt auf 17,7 Prozent für die Städte und 14 Prozent für die Kreise.«

Dieses Phänomen allein mit fehlenden Ressourcen oder gar allgemeiner Politikunlust zu erklären, greift zu kurz. Ich möchte in diesem Beitrag daher genauer hinschauen, was insbesondere Frauen zwischen 30 und 45 mit kleinen Kindern davon abhält, sich an der Arbeit in Parteien zu beteiligen. In vielen Fällen sind sie nämlich sehr wohl sozial engagiert, unterstützen die alte Nachbarin im Alltag, bringen sich in Elternbeiräten, in privaten Initiativen, Gewerkschaften oder Verbänden ein. Dennoch machen nur wenige den Schritt tatsächlich in die Parteien oder kandidieren für ein politisches Amt.

Dabei wären wir Mütter dafür bestens geeignet. Wir verfügen gleich über mehrere Kompetenzen, die für die politische Arbeit relevant sind: Wir sind geübt darin, den Alltag unterschiedlicher Menschen virtuos zu koordinieren, bringen die Fürsorge für unsere Angehörigen, Erwerbsarbeit und häufig zusätzlich ehrenamtliches Engagement unter einen Hut. Wir besitzen Durchsetzungsstärke, Organisationstalent und haben gelernt, auch schwierige Situationen zu meistern – alles Qualitäten, die in der Politik von Vorteil sind. Darüber hinaus sind wir oft hervorragende Netzwerkerinnen, verfügen durch Schule oder Kindergarten, durch Sportvereine und natürlich unseren Beruf über Zugang zu verschiedensten gesellschaftlichen Kreisen und wissen damit sehr genau, was die Menschen in unserem Umfeld bewegt. Und nicht zuletzt haben wir einen enormen Erfahrungs- und Wissensvorsprung, was die Bedürfnisse von Kindern, Jugendlichen und oft auch alten Menschen betrifft. Schon allein, weil wir, statistisch belegt, den Löwenanteil der familiären Sorgearbeit übernehmen.

Diese Erfahrung wird in der Kommunalpolitik dringend benötigt: Um wie viel Uhr und auf welcher Strecke müsste der Stadtbus fahren, so dass einerseits ältere Menschen, die nur noch eingeschränkt mobil sind, gut ihre Einkäufe in der Stadt erledigen können und andererseits Jugendliche ihre Freunde im Nachbarort erreichen? Wie muss der örtliche Freizeittreff gestaltet sein, damit sich Jungen und Mädchen dort wohlfühlen? Mütter – und natürlich auch aktive Väter – wissen, auf welchem Spielplatz ihr Kind gerne spielt und warum. Sie wissen, wo sie gerne einkaufen, welche Wege sie leicht zurücklegen können und welche nicht. Kurz gesagt: Sie wissen, was sie als Menschen brauchen, die für andere sorgen. Genau diese Perspektive sollten Mütter in die Kommunalpolitik einbringen können.

Aber auch in der Landes-, Bundes- und Europapolitik wird die Sichtweise von Müttern und Menschen, die Fürsorgearbeit leisten, gebraucht. Ob frauen- und familienpolitische Initiativen gehört, ihre Themen aufgegriffen und in Fachausschüssen diskutiert und als Gesetze ausgestaltet werden, entscheidet nicht nur darüber, welche finanzielle Förderung Angebote für Familien innerhalb einer Region erhalten. Über den Erhalt oder Ausbau von Beratungsstellen für Familien oder Frauenhäuser wird ebenso auf Landes- und Bundesebene entschieden, wie über (frühkindliche) Bildung in Kindergärten und Schulen. Auch die Themen Kindergrundsicherung, Elternzeit und Elterngeld, der arbeitsrechtliche Rahmen rund um Schwangerschaft und Geburt und die soziale Absicherung von Fürsorgeleistenden sind Themen, über die, wie die letzten Jahre schmerzlich zeigten, oft nicht wirklich im Sinne von Familien entschieden wird. Ebenso können pflegende Angehörige ein Lied davon singen, dass ihre Belange häufig kaum ernst genommen, geschweige denn aktiv unterstützt werden. Fehlen Mütter und Menschen mit Fürsorgeverantwortung in den Gremien, findet ihre Perspektive einfach zu wenig Beachtung.

Was braucht es also, damit sich Mütter in den Parteien engagieren? Zunächst und vor allem das klare Signal: Als Partei, als Ortsverband, wollen wir dich, als junge Frau und Mutter! Daher unterstützen wir dich in deinem Engagement, wo es möglich ist: Durch die vollständige und unbürokratische Erstattung der Kinderbetreuungskosten, die während Sitzungszeiten anfallen. Durch klare Anfangs- und Endzeiten der Sitzungen und Abstimmungen, die bei Bedarf hybrid oder in digitaler Form stattfinden können. Und durch die Haltung innerhalb der Partei, dass Fürsorgeverantwortung von Politiker:innen eine Qualifikation und kein Manko ist. Es hilft enorm, als Mutter mit kleinen Kindern nicht bei jeder Abend- oder Wochenendveranstaltung dabei sein zu müssen oder umgekehrt die eigenen Kinder auch einmal mitbringen zu können, ohne schief angeschaut zu werden. Und natürlich braucht es ganz praktisch das Wickel- und Stillzimmer im Rathaus oder barrierefreie Zugänge zu Sitzungssälen, die nicht nur mit Rollstuhl, sondern auch mit Kinderwagen gut befahrbar sind.

Darüber hinaus sind Regelungen für Politikerinnen rund um Schwangerschaft und Geburt dringend nötig. Zwei von drei Bürgermeister:innen sind in Deutschland ehrenamtlich tätig. Die Frauen unter ihnen haben bis heute keinen Anspruch auf Lohnfortzahlung während des Mutterschutzes. Wie bei Selbständigen gilt für sie: Kinder kriegen auf eigene Gefahr. Was ist das für ein Signal? Menschen, die sich für das Gemeinwohl einsetzen, die die Geschicke ihrer Gemeinde mit hohem persönlichen – und zum Teil auch finanziellen – Einsatz lenken, werden ausgerechnet dann im Stich gelassen, wenn sie die Solidarität der Gemeinschaft besonders bräuchten.

Außerdem fehlen klare Elternzeitregelungen. Nicht umsonst pausieren Politikerinnen mit Mandat auf kommunaler Ebene nach der Geburt ihres Kindes selten länger als wenige Wochen. Und auch auf Landes- und Bundesebene gilt spätestens acht Wochen nach der Geburt: Zurück ins Parlament! Abstimmungen finden in Präsenz statt, die Anwesenheit in Sitzungen ist Pflicht – wer nicht dabei ist, hat Pech gehabt. Das ist bei knappen Mehrheiten ein konkreter Nachteil für die eigene Partei. In den Parlamenten sind aber selbst schlafende Babys noch viel zu oft nicht willkommen, im Plenum des Bundestags gleich ganz verboten. Das ist für Politikerinnen, die ihr Kind wenige Wochen nach der Geburt gegebenenfalls noch stillen, ein echtes Manko.

Dabei geht es anders: In Jena formulierten die Stadträt:innen 2023 parteiübergreifend den Antrag, Regelungen rund um Geburt und Mutterschaft von Politikerinnen zu treffen. Dabei wird auch der Umgang mit der Presse thematisiert. Darf eine stillende Politikerin in einer öffentlichen Sitzung gefilmt oder fotografiert werden, gibt es Vertretungsregelungen rund um die Geburt und offizielle Stillpausen? In Bayern stellten die Grünen 2020 einen Gesetzesentwurf vor, der die Möglichkeit vorsieht, sich auf kommunaler Ebene bis zu einem Jahr von der politischen Arbeit befreien zu lassen, ohne das Mandat niederlegen zu müssen. Politiker:innen hätten damit nicht nur die Möglichkeit, nach der Geburt ihres Kindes für ihre Familie da zu sein, sondern könnten die Auszeit auch für eine berufliche Fortbildung oder einen Auslandsaufenthalt nutzen. Bei bis zu sechs Jahren Amtszeit in der bayrischen Kommunalpolitik ein wichtiges Argument, um politische Ämter auch für junge Menschen attraktiver zu machen.

Aus dem Weg geräumt ist damit die grundsätzliche Frauenfeindlichkeit innerhalb politischer Gremien und Parteien allerdings noch nicht. Politikerinnen berichteten immer wieder von diskriminierenden Erfahrungen: Sei es, dass sie als Neueinsteigerinnen skeptisch beäugt oder, wie 2018 die Grünenpolitikerin Madeleine Henfling, mit ihrem Baby vom damaligen Landtagspräsidenten gleich ganz des Parlaments verwiesen werden. Zum Teil kommt es sogar zu verbalen Übergriffen. Eine Politikerin berichtete im Gespräch davon, im Rahmen ihrer Arbeit als »Zicke« oder »Fotze« bezeichnet worden zu sein. Einer anderen wurde vorgeworfen, durch ihr politisches Engagement ihr Kind zu einem »Fall für den Psychiater« zu machen.

Sich dem zu stellen, braucht die Kraft und den Willen, auch gegen Widerstände politisch aktiv zu bleiben. Bedenkt man, an wie vielen »Baustellen« Mütter sich im Alltag bereits abarbeiten, dass sie neben ihrer Erwerbsarbeit oft den Hauptteil der Alltagsorganisation, Haushaltsführung und Kinderbetreuung tragen, ist nachvollziehbar, dass nur wenige die Motivation finden, sich auch noch in die politische Arena zu stellen.

Hier unterscheidet sich die Situation von Müttern auch eklatant von der vieler Väter: Während familienfeindliche Strukturen in der Ratsarbeit auch Väter belasten, kommen bei Müttern zwei weitere Hemmnisse hinzu: Sie haben viel seltener einen Partner im Rücken, der die familiäre Carearbeit übernimmt und ihnen so ihr politisches Engagement ermöglicht. Und: Man(n) traut ihnen weniger oft zu, ein politisches Amt kompetent auszuüben. Entsprechend seltener werden Frauen auch parteiintern für wichtige Ämter nominiert.

Von den 257 Frauen, die 2021 in den Bundestag gewählt wurden, gelang nur 78 der Einzug über ein Direktmandat. 179 würden über einen Listenplatz gewählt. Damit gewannen Frauen rund ein Viertel aller Wahlkreise direkt, während sie an den erfolgreichen Listenplätzen einen Anteil von immerhin etwa 40 Prozent hatten. Nur jedes vierte Direktmandat ging im Jahr 2021 also an eine Frau. Nach der aktuellen Wahlrechtsreform 2023 wird sich die Situation noch verschärfen. Da nach Abschaffung der Überhangmandate nicht mehr alle Listenplätze ein Mandat garantieren, werden vielversprechende Kandidatinnen voraussichtlich noch seltener vorn auf den Wahllisten stehen. Denn so traurig es ist: In der Politik trauen viele einem Mann noch immer eher ein politisches Spitzenamt zu als einer Frau. Entsprechend häufiger werden männliche Kandidaten, insofern sich die Parteien nicht qua Satzung zu einer paritätischen Besetzung der Wahllisten verpflichtet haben, ganz oben auf die Liste gesetzt.

Die Frage ist also: Wollen wir nachhaltig und vor allem parteiübergreifend mehr Frauen in der Politik? Dann müssen wir vor allem am deutschen Wahlrecht drehen und, wie es unter anderem der Verein Parite e. V. mit Unterstützung von Alt-Bundestagspräsidentin Rita Süssmuth fordert, Parlamente paritätisch besetzen. Nimmt eine Partei nicht 50:50 Frauen und Männer auf ihre Liste, verfallen damit gegebenenfalls Sitze im Parlament. Neben dem direkten Effekt, dass sich dadurch der Frauenanteil zum Beispiel im Bundestag von aktuell 35 Prozent auf 50 Prozent erhöhen würde, wäre die Änderung des Wahlrechts insbesondere für die konservativen Parteien ein Anreiz, Frauen zu fördern, um ihre Wahllisten entsprechend ausgewogen besetzen zu können. Dringend nötig ist das. Während bei der CDU und FDP der Frauenanteil unter den Abgeordneten im Bundestag 2024 bei etwa einem Viertel lag, war bei der CSU nur jede:r fünfte Abgeordnete eine Frau, bei der AfD sogar nur rund jede:r zehnte.

Das Problem der fehlenden Zeit – und zum Teil des fehlenden Geldes – für politisches Engagement, das vor allem Mütter betrifft, löst das nicht. Jedenfalls solange ein politisches Ehrenamt so viel Zeit und Energie kostet, wie es heute meist der Fall ist. 60 bis 80 Stunden Zeitaufwand pro Monat sind für Stadträt:innen größerer Gemeinden nicht unüblich. Dem gegenüber steht eine Aufwandsentschädigung von oft nur wenigen hundert Euro monatlich. Wollen wir Mütter in politische Entscheidungen mit einbeziehen und erfahren, was insbesondere auch Alleinerziehende, Mütter mit Migrationshintergrund und sozial schwache Familien brauchen, müssen wir ernsthaft über neue Formen der politischen Beteiligung nachdenken.

Warum müssen sich Mütter an die Strukturen der (Kommunal-)Politik anpassen? Warum passt sich diese nicht, zumindest teilweise, an die Bedürfnisse der Mütter an? Mich persönlich sprechen Lösungsansätze besonders dann an, wenn sie pragmatisch von dem ausgehen, was ist, ohne die visionäre Perspektive darauf, was sein kann, auszuschließen. Entsprechend konstatiere ich nüchtern: Wir bekommen nicht mehr Mütter in die Politik, allein dadurch, dass wir an sie appellieren, Meets-and-Greets in den Rathäusern veranstalten oder zum politischen Mentoring für Nachwuchstalente einladen. Wenn Zeit und Ressourcen fehlen, fehlt eben selbst die Zeit, an solchen, an sich sinnvollen, Angeboten teilzunehmen.

Warum also Gremienarbeit nicht einmal als »Walk-and-Talk« mit Kinderwagen umsetzen? Als Nachmittagskaffee mit Kinderbetreuung oder als Brunch am Wochenende mit anschließender Diskussion? Oder eben online, bequem vom Sofa aus? Frauen, insbesondere mit kleinen Kindern, könnten in Kitas, Grundschulen und auch in Familienzentren oder über bereits bestehende Mütternetzwerke direkt angesprochen und zu entsprechenden Veranstaltungen eingeladen werden. Interessierte Mütter könnten die Arbeit der Parteien auf diese Weise niedrigschwellig kennenlernen und sich bei Interesse einbringen, ohne erst den Babysitter für eine Abendveranstaltung engagieren zu müssen.

Darüber hinaus braucht es verstärkt die Möglichkeit, sich innerhalb der Parteien interessen- und projektbezogen zu engagieren. Bürger:innenräte, in denen Menschen unterschiedlicher sozialer Herkunft sowie unterschiedlichen Geschlechts und Alters über ein konkretes Thema diskutieren, sind ein Anfang. In Baden-Württemberg gibt es hierzu das digitale »Beteiligungsportal Baden-Württemberg«. Dort sind neben aktuellen Themen, über die im Landtag debattiert wird, auch alle Abgeordneten, nach Partei und Wahlkreis sortiert, abrufbar, so dass eine Kontaktaufnahme problemlos möglich ist. Auf diese Weise können sich Mütter entsprechend ihrer Kompetenzen und zeitlichen Kapazitäten einbringen, ähnlich wie sie es bereits heute in Elternbeiräten oder Vereinen tun. Natürlich muss auf politische Beteiligungsmöglichkeiten wie diese auch aktiv hingewiesen werden, zum Beispiel über die Gleichstellungsbüros der Gemeinden oder die Elternbeiräte der Kindergärten und Schulen.

Und nicht zuletzt müssen männliche Kollegen, Lebenspartner:innen und Arbeitgeber:innen mitziehen. Nicht nur familienfreundlichere Ratsarbeit, sondern eine grundlegende Umverteilung familiärer Care-Arbeit ist nötig. Nur so haben Frauen mit kleinen Kindern die Möglichkeit, sich in größerem Umfang (gesellschafts-)politisch zu engagieren. Gefragt sind neben der Unterstützung im Privaten Arbeitgeberinnen und Arbeitgeber, die berufstätigen Müttern Raum für ihr politisches Engagement gewähren. Umgekehrt sollte darüber nachgedacht werden, die politische Arbeit auf kommunaler Ebene zu professionalisieren und entsprechend ihrem zeitlichen Aufwand zu entlohnen. So wäre finanziell eine Reduktion der Erwerbsarbeit für Mütter, die sich zum Beispiel 15 bis 20 Stunden pro Woche im Gemeinderat engagieren, viel eher machbar.

Das Problem, dass Politik vielen Menschen heute »weit weg« und entsprechend wenig attraktiv erscheint, lösen wir nicht dadurch, dass wir diejenigen, deren Tage ohnehin schon eng getaktet sind, zu noch mehr Anpassung auffordern. Wir müssen vielmehr diejenigen, die wir als Repräsentant:innen unserer Bürgerinnen und Bürger wählen, an ihre Bringschuld erinnern: Sie sind es, die den Kontakt zu den Menschen aufnehmen müssen, die sich aufgeschlossen zeigen müssen für das, was ihre Wählerinnen und Wähler wirklich wünschen und brauchen. Mütter in politischen Ämtern sind ein Weg, um Vielfalt in der Politik zu erreichen. Beteiligungsformate, die Menschen auch ohne Mandat ermöglichen, auf allen politischen Ebenen gehört zu werden, ein weiterer. Genau das können wir als Mütter natürlich auch aktiv einfordern.

Nicht zuletzt sind wir als Frauen und Mütter besonders stark, wenn wir uns gegenseitig ermutigen und vernetzen. Netzwerke unter politisch engagierten Frauen – parteiübergreifend oder auch außerhalb der Parteipolitik, über Gewerkschaften, Verbände oder private Initiativen – stärken politisch interessierte Mütter enorm. Nicht umsonst betonen viele erfolgreiche Politikerinnen, wie wichtig loyale Menschen, die sie auf ihrem Weg begleiten, für ihren politischen Aufstieg waren. Politikerinnen wie Katharina Schulze, Landesvorsitzende der Grünen in Bayern, die Ende 2024 im Amt zum zweiten Mal Mutter wurde, oder auch Melanie Wegling, die 2021 mit ihrem sechs Monate alten Kind für die SPD in den Bundestag einzog und mittlerweile bereits dreifache Mutter ist, haben durch die Souveränität, mit der sie ihr Muttersein im Amt leben, für (angehende) Politikerinnen mit Kind eine klare Vorbildfunktion.

Der Austausch zwischen Politiker:innen und Zivilgesellschaft stabilisiert zudem maßgeblich unsere Demokratie. Nicht nur erhalten Abgeordnete dadurch die Möglichkeit, ihre Sichtweise auf Themen zu erweitern und eben nicht nur die Interessen besonders starker Interessenvertretungen zu berücksichtigen. Müttern ohne politisches Amt wiederum wird ermöglicht, ihre Anliegen dorthin zu bringen, wohin sie gehören, und zwar nicht als Bittstellerinnen, sondern als offensiv adressierte Expertinnen ihres Themenbereichs. Eine solche Vernetzung weckt zudem Verständnis für die oft langwierigen Prozesse, die bis zu einer politischen Entscheidung zu durchlaufen sind, und stärkt das Verhältnis zwischen Politiker:innen und den Menschen, die sie vertreten. Das drängende Problem, dass sich viele Menschen heute von den etablierten Parteien nicht gehört fühlen und sich entsprechend von diesen abwenden, könnte damit zumindest in Teilen gelöst werden.

»Zu anders für die Macht?« ist der Titel dieses Buches. »Zu anders« sind Mütter und Menschen, die für andere sorgen, aber nur, wenn Parteipolitik eine in sich geschlossene, überwiegend männliche und familienfeindliche Monokultur bleibt. Veränderung bedingt Bewegung von zwei Seiten aus – nicht wir Mütter allein müssen Politik machen wollen. Auch die Parteien und politischen Gremien müssen sich bewegen. Parteipolitik muss ein Ort werden, an dem Mütter mit ihren Erfahrungen, Bedürfnissen und Perspektiven ernst genommen werden und ernsthaft willkommen sind. Es wird Zeit!

SARAH-LEE HEINRICH

Von 2021 bis 2023 war Sarah-Lee Heinrich Bundessprecherin der Grünen Jugend. Im
September 2024 gab sie mit weiteren Mitgliedern der Grünen Jugend ihren Austritt aus
der Partei und der Jugendpartei bekannt.
Gemeinsam mit Verbündeten baut sie eine linke
Jugendorganisation auf, die soziale Fragen in
den Mittelpunkt stellen wird. Sarah-Lee selbst
ist als Kind einer alleinerziehenden Mutter
in Armut aufgewachsen.

Foto: Elias Keilhauer

YE-ONE RHIE

Aachen umschreibt Ye-One Rhie als eine Stadt, die
ihr von klein auf eine Heimat und eine Identität
geschenkt hat. Denn als die SPD-Politikerin 11 Jahre
alt war, sollten sie und ihre Familie nach Korea
abgeschoben werden. Mit Hilfe der Politik
schafften sie es, zu bleiben. Seit 2021 sitzt
sie selbst für ihre Heimatstadt Aachen
im Bundestag und setzt sich dafür ein,
dass Aachen eine Stadt bleibt, die alle willkommen heißt.

Foto: Tobias B. Tillmann

WIR HABEN IMMER NOCH NICHT VERSTANDEN, WAS ES HEIßT, EIN DIVERSES, MULTIKULTURELLES LAND ZU SEIN.

Das Teilen der Erfahrungen von Politikerinnen, die täglich mit den Herausforderungen des Rassismus konfrontiert sind, sind von unschätzbarem Wert. Insbesondere in einer Zeit, in der Politiker:innen auf allen Ebenen Gewalt ausgesetzt sind. Neben physischer Gewalt erfahren immer mehr politisch aktive Menschen auch digitale Gewalt. Vor allem Frauen und Menschen mit Migrationsbiografie sind davon betroffen. Ye-One Rhie, (SPD) Mitglied des Deutschen Bundestags, und Sarah-Lee Heinrich, ehemalige Bundesvorsitzende der Grünen Jugend, teilen ihre persönlichen Geschichten und Kämpfe. Sie beleuchten die subtilen und offenen Formen des Rassismus in der Politik und zeigen, wie diese ihre Arbeit und ihren Weg beeinflusst haben. Ein tiefgründiger Einblick in den unerschrockenen Kampf gegen Ungerechtigkeit und die Stärke, die es braucht, um in einer oft feindlichen Umgebung standhaft zu bleiben.

Wie stellt ihr euch vor bei Leuten, die euch nicht kennen, gerade in Bezug auf eure Positionierung, bezogen auf diese Migrationsgeschichte? Bringt ihr sie überhaupt ein?

YR: Ich bringe sie nicht ein. Wenn ich vor Besucher*innengruppen stehe oder wenn ich mit Bürger*innen ins Gespräch komme, sage ich meistens: »Hallo, ich bin Ye-One oder Ye-One Rhie. Ich bin 36 Jahre alt, komme aus Aachen und bin seit 2021 Bundestagsabgeordnete der SPD.« Es kommt selten vor, dass nach meinem

Hintergrund, nach meinem familiären Hintergrund, gefragt wird. Die Leute sehen, dass ich einen Migrationshintergrund habe, und wenn sie ihn wissen wollen, dann sollten sie nachfragen. Vor der Zeit im Bundestag wurde ich oft gefragt: »Wo kommen Sie her?« Wenn ich dann antwortete: »Aus Aachen«, fragten sie: »Ja, und wo sind Sie geboren?« Dann antwortete ich: »In Aachen.« Dann fragten sie: »Nein, was haben Sie denn für einen Pass?« »Einen Deutschen.« Dann fragten sie: »Wo wohnen denn Ihre Eltern?« Dann antwortete ich: »In Aachen.« Und dann irgendwann kommt total frustriert die letzte Ansage: »Nein, jetzt sagen Sie doch mal, Sie wissen doch, was ich meine.« Ich denke dann: »Ja, ich weiß, was Sie meinen, aber ich habe nicht gelogen.« Das erlebe ich seltener, seitdem ich im Bundestag bin.

Wenn ich aber gefragt werde, warum ich in die Politik gekommen bin, dann wird mein Hintergrund Teil der Erzählung, weil mein Einstieg in die Politik sehr viel mit meiner Migrationsgeschichte zu tun hat. Dann erkläre ich, dass meine Eltern zum Studium aus Südkorea gekommen sind, dass ich aber in Deutschland geboren wurde, dass wir, als ich elf oder zwölf Jahre alt war, abgeschoben werden sollten. Ich thematisiere meine Herkunft sehr offen, wenn ich mit Migrant*innen spreche, mit Menschen, bei denen es um Fragen nach Aufenthalt oder Abschiebung geht. Auch um noch einmal zu zeigen, dass sich in der deutschen Politik etwas ändert, dass es dort immer mehr Leute gibt, die aus eigener Erfahrung wissen, wie problematisch das System ist.

SH: Ich stelle mich ganz normal vor und halte es nicht für notwendig, Menschen darauf hinzuweisen, dass ich schwarz bin, das sieht man ja. Selten werde ich mal gefragt, wo meine Familie herkommt, dann antworte ich damit, dass ich am Rand des Ruhrgebiets aufgewachsen bin, aber mein Vater aus Guinea kommt. Die

Nachfrage finde ich aber auch nicht schlimm. Ich bin ja ohnehin bei meiner Mutter aufgewachsen.

Mein Einstieg in der Politik hat sicher auch was mit den Rassismuserfahrungen in der Kindheit zu tun, für mich aber vor allem mit meinem Aufwachsen in Armut. Deswegen ist es dieser Teil meiner Herkunft, den ich offensiver kommuniziere. Ich möchte mit und für Menschen Politik machen, die so aufgewachsen sind wie ich.

Gibt es innerhalb der migrantischen Communitys Unterschiede, wie der Weg in die Politik und der Umgang mit solchen Erfahrungen, wie ihr sie macht, thematisiert wird?

YR: Ja, es gibt Unterschiede. Der größte Unterschied in der Community ist der zwischen sichtbarem und unsichtbarem Migrationshintergrund, weil ein unsichtbarer Migrationshintergrund keine große Hürde ist. Die BIPOCs der Jusos hatten mich zu einem Vernetzungstreffen eingeladen und erst bei der ersten Zusammenkunft habe ich verstanden, wie wichtig solche Zusammenschlüsse sind. Es ist normal für mich, in einen Raum zu kommen, in dem alle *weiße*, sehr deutsch gelesene Menschen sind, nur du siehst anders aus. Bei der BIPOC-Vernetzung habe ich zum ersten Mal gemerkt, wie es sich anfühlen muss, nicht aufzufallen, weil alle People of Color waren. Dadurch kann man viel offener darüber sprechen, wie es sich anfühlt, dass man den sichtbaren Migrationshintergrund nie verstecken kann, dass es immer etwas ist, was vor einem und manchmal auch zwischen Leuten steht, auch in der eigenen Partei.

Dann würde ich noch mal einen Unterschied machen innerhalb der Gruppe der BIPOCs.

Der anti-asiatische Rassismus ist bezogen auf Rassismus insgesamt in Deutschland ein eher kleineres Problem. Es sind vor allem Stereotype, eine Erwartungshaltung: Alle Asiat*innen sind zuverlässig, höflich und zurückhaltend. Aber es sind keine unbedingt negativen Stereotype. Das Krasseste, was mir jemals passiert ist: Ich habe mich im Wahlkampf eingesetzt gegen § 218 StGB, also für das Recht auf Abtreibung. Daraufhin wurde von mir eine Fotomontage auf einem chinesischen Plakat zur Ein-Kind-Politik angefertigt und gesagt, diese kommunistische Haltung sei typisch für jemanden wie mich. Das hat mich sehr angegriffen. Ansonsten geht es mehr darum, dass mir meine Zugehörigkeit zu diesem Land oder zur Region abgesprochen wird. Klar, das ist Rassismus. Es ist aber trotzdem nichts im Vergleich zu dem, was Kolleginnen von mir aushalten müssen, denn mir wird nicht vorgeworfen, dass ich das Land vernichten möchte, wie es etwa muslimisch gelesenen Kolleg*innen häufig passiert. Wenn ich mitbekomme, was sie für Hass und Hetze und zum Teil auch physische Gewalt erfahren, dann muss ich mir eingestehen, da nicht mitreden zu können.

Werden diese Erfahrungen und Vorfälle auch innerhalb der Fraktion besprochen oder ist der Austausch individueller Natur? Gibt es einen strukturellen Raum, Vorfälle und Erfahrungen zu besprechen und auch Lösungen zu erarbeiten?

YR: Innerhalb der SPD-Bundestagsfraktion hat sich eine kleine Gruppe gegründet. Ein informeller »MigAG-Tisch«, so wie Mittagstisch. Das ist keine Strömung, in der man Inhalte bespricht, es geht darum, sich gegenseitig zu bestärken und solidarisch zu sein. Häufig geht es auch um Themen wie Redelisten. Wer redet zu welchem Thema? Direkt im ersten Jahr der Legislatur fand der Jahrestag zum rassistischen Attentat in Hanau statt und dazu gab es eine sehr *weiße* Redner*innenliste. Wir vom MigAG-Tisch haben gesagt: »Das geht nicht. Es kann nicht sein, dass zu Hanau nur Menschen sprechen, die selbst keine Rassismuserfahrungen haben.« Auch der Frust darüber, dass sich so etwas schwer ändern lässt, weil es viele Formalien und Regeln gibt, nach denen Red-ner*innen ausgewählt werden. Wir verstehen die Strukturen, in denen gearbeitet wird, aber trotzdem müssen wir auch nach au-ßen signalisieren: »Wir haben verstanden, wie wichtig es ist, reprä-sentiert zu werden, und da vor allen Dingen auch aus persönlicher Erfahrung von Dingen zu sprechen.« Wenn eine Kollegin oder ein Kollege von mir, die antimuslimischen Rassismus erfahren haben, darüber berichten, was Hanau mit ihnen gemacht hat, ist das eine ganz andere emotionale Geschichte, weil sie ganz klar sagen: »Es hätte mein Bruder sein können, es hätte mein Onkel sein können, es hätte mein Cousin sein können, mein Vater sein können. Es hätten alle sein können, nur weil sie am falschen Ort, zur falschen Zeit falsch ausgesehen haben.« Deswegen ist es wichtig, dass auch sie dazu öffentlich sprechen können. Das ist etwas, was wir in der Fraktion mehr lernen müssen.

SH: Wir hatten Vernetzungstreffen auf den verschiedenen Ebe-nen, deren Ziel immer war, gemeinsam politisch, inhaltlich und strategisch weiterzukommen. Wir konnten uns dort sowohl mal »auskotzen« über Dinge, die nicht laufen, als auch uns gemeinsam neue Fähigkeiten aneignen, um danach besser Verantwortung in der Grünen Jugend übernehmen zu können. Das hat mir immer besonders gefallen. Uns war es wichtig, migrantisierte Personen als starke politische Subjekte wahrzunehmen. Wir wollten nicht den Eindruck entstehen lassen, dass wir zu allem dieselbe Meinung haben müssen oder uns alle dasselbe interessieren muss. Vielmehr haben wir voneinander gelernt.

Für uns in der Grünen Jugend war Antirassismus immer Chef-sache. Das heißt, dass wir nicht von migrantisierten Mitgliedern im Verband erwarten wollen, rassistische Vorfälle oder ähnliches aufzuarbeiten. Wir haben unsere Vorstände darin geschult, dies zu machen.

Hat dich, Ye-One, die Geschichte deiner Eltern politisiert oder gab es einen anderen Schlüsselmoment, wo du beschlossen hast, dich politisch einzubringen? Gab es Vorbilder?

YR: Es war tatsächlich unser Abschiebefall. Bis ich elf oder zwölf war, hatte ich wenig Verständnis davon, was Politik eigentlich entscheidet. Dann droht plötzlich eine Abschiebung und man versteht auf einmal: »Okay, Politik heißt auch, man kann entscheiden, wo jemand leben darf.« Das hat viel mit Bürokratie, mit Gesetzen zu tun. Wir haben damals angefangen, Politiker*innen in Aachen anzuschreiben und mit Unterschriftenlisten und Petitionen aktiv zu werden, um die Abschiebung zu verhindern. Ich habe damals auch unserer Bundestagsabgeordneten geschrieben. Das war Ulla Schmidt, meine direkte Vorgängerin im Bundestag. Ulla hatte mir auch zurückgeschrieben. Wir sind in Kontakt geblieben. Es hat geklappt, dass wir bleiben konnten, dank Ullas Engagement. Über sie bin ich auch eingestiegen bei den Jusos und habe angefangen, Politik zu machen, und bin bei der SPD gelandet. 2021 hat Ulla entschieden, nicht mehr für den Bundestag zu kandidieren und ich bin ihre Nachfolgerin geworden.

Sarah-Lee, wie war dein Einstieg?

SH: Ich habe einen Ort gesucht, politisch aktiv zu werden, als ich so 14, 15 Jahre alt wurde. Ich bin in einer nicht allzu großen Stadt zur Schule gegangen, deswegen war die Auswahl nicht riesig. Dass ich damals zu den Grünen kam, war eher ein Zufall. Es gab 2016 in Unna ein »Café der Begegnung«, wo alteingesessene Unnaer*innen mit neu ankommenden Geflüchteten zusammenkamen, quasi auch als Kennenlernen. Das organisierten die Grünen vor Ort mit, da sie damals noch ein starker Teil der Geflüchtetensolidarität waren. Und ich suchte ein Praktikum, mir wurde dann eins bei den Grünen angeboten. So ganz habe ich dem Braten nicht getraut, weil ich nicht das Gefühl hatte, dass die Soziale Frage so eine große Rolle für die Partei spielt. Deswegen bin ich anfangs nur bei der Jugendorganisation Mitglied geworden.

Ihr seid schon lange in der Politik. Die Anfeindungen gegen Politiker:innen nehmen zu. Was machen diese besorgniserregenden Entwicklungen mit euch als Politikerinnen und mit euch persönlich?

YR: Es ist schlimmer geworden. Wir hören von vielen ostdeutschen Kolleg*innen, die sagen: »Wir haben es euch die ganze Zeit gesagt. Ihr wolltet es nicht wahrhaben. Und letzten Endes hat niemand ernst genommen, wie krass das ist.« In Aachen haben wir andere Verhältnisse. Die AfD hat hier in Aachen auch bei überregionalen Wahlen vielleicht maximal 7 % bekommen bisher. Trotzdem merkt man auch in Aachen: Es ist eine Unzufriedenheit da, die Leute suchen sich Sündenböcke, eine leichte Erklärung für all die komplexen Probleme. Ich weiß nicht, wann wir jemals einen Wahlkampf hatten, wo die Leute nicht aggressiv an einen SPD-Wahlkampfstand gekommen sind und gesagt haben: »Ihr macht alles kaputt.« Ich würde nicht sagen, dass ich mich am Infostand in Aachen unsicherer fühle. Als Bundestagsabgeordnete haben wir direkt am Anfang die Möglichkeit, uns vom BKA beraten zu lassen. Sie laufen die Wohnungen einmal ab und erklären, was sie ändern und sicherer machen würden. Ich habe in Aachen an meiner Klingel meinen Namen entfernt. In den letzten Wochen habe ich mit dem Thema Rechtsextremismus im Fußball im Wahlkreis zu tun gehabt. Ich mache mir Sorgen über mein Wahlkreisbüro. Wenn man mich sucht, würde man das finden, und meine Eltern wohnen in der Nähe und sie haben den gleichen Nachnamen, da steht der Name noch an der Klingel.

Das Video von der Party auf Sylt, auf der Naziparolen gesungen wurden, könnte ein Weckruf sein, dass man nicht mehr wegsehen kann, den Rechtsruck nicht mehr im Osten, sondern in der Mitte der Gesellschaft verorten muss. Menschen glauben, dass man ungeniert Naziparolen skandieren, filmen und hochladen kann. Als ich 2005 angefangen habe mit der Politik, war es anders. Das hat viel mit der Verstärkungswirkung in sozialen Medien zu tun. Jede Meinung hat durch das Internet einen Echo-Raum. Dadurch werden auch Menschen mit radikalen Meinungen viel selbstbewusster, trauen sich entsprechend zu reden und Gewalt auszuüben. Das ist eine Entwicklung, die neu ist und der wir im Moment hilf- und fassungslos zugucken. Ein Lichtblick war das parteiübergreifende Agreement, sich zu Regeln im Wahlkampf zu verpflichten. Ich fand es sehr wichtig, dass die Union bereit war, mit der Linken dieses Agreement zu machen und gleichzeitig zu sagen, wir arbeiten nicht mit der AfD zusammen.

SH: Für mich war es der einschneidende Moment, als ich Bundessprecherin wurde und dann nicht nur mit Onlinebedrohungen zu kämpfen hatte, sondern mit direkten Gewaltandrohungen. Ich habe viel mit der Polizei darüber reden müssen, wie man Sicherheitsmaßnahmen trifft. Ähnlich wie du gerade beschrieben hast, wissen die Leute, wo man wohnt. Ich habe mir vor allem Sorgen um meine Mutter gemacht, weil ich dachte, ich rufe im Zweifel das LKA an und kläre was mit denen. Aber was ist mit meiner Familie? Die Leute, die mich beleidigt oder bedroht haben, haben meine Familie das eine oder andere Mal mit ins Spiel gebracht, weil sie natürlich wissen, dass sie mein wunder Punkt ist. Ich bin aufgrund der Tatsache, dass es jetzt noch mal eine andere Eskalationsstufe entwickelt hat, manchmal gar nicht so unglücklich darüber, dass Leute meinen Namen nicht ständig in jeder Schlagzeile lesen.

Jetzt, wo ich nicht mehr Bundessprecherin bin, ist es wieder abgeflaut. Mir begegnen natürlich immer noch Beleidigungen und auch Drohungen, aber eher so einzelne wütende Personen, die schreiben: »Wenn ich dir mal begegnen würde, würde ich dich schlagen.« Mir macht die jetzige Lage Angst. Also, dass Leute sich dadurch ermutigt fühlen, dass das schon so normal ist, eine Person öffentlich zu beleidigen, dass es dann auch in Ordnung ist, sie körperlich anzugreifen. Ich erinnere mich noch daran – es war gar keine Politikerin, sondern eine junge Frau in Berlin, die in der Tram körperliche Gewalt erfahren hat –, ich bin danach ein Jahr lang kaum noch öffentliche Verkehrsmittel bei Nacht gefahren. Ich fühle mich dann manchmal meiner eigenen Freiheit, einfach normal durch den Tag zu kommen, beraubt und das ärgert mich sehr und macht mich traurig.

YR: Hast du die alle angezeigt eigentlich? Hast du die Kommentare und Nachrichten online alle gelesen?

SH: Ich habe nicht alles gelesen. Wir haben dann mit der Organisation Hate Aid, die Betroffene von Hasskriminalität berät und unterstützt, zusammengearbeitet. Dann meldet sich die Polizei bei dir und sagt: »Das und das könnte man anzeigen.« Aber ganz ehrlich, ich packe es nicht. Ich packe es manchmal nicht, mich damit noch auseinanderzusetzen und dem so einen Raum in meinem Leben zu geben. Ich bekam oft Rückmeldungen von der Polizei, in denen stand: »Das konnten wir jetzt nicht zurückverfolgen.« Ich finde das dann auch frustrierend. Leute können das machen, ohne strafrechtlich belangt zu werden. Das gibt mir auch kein Gefühl von Sicherheit und deswegen ignoriere ich es manchmal tatsächlich.

Kein großer Anreiz für Gleichaltrige, zu sagen: Dann will ich jetzt auch in die Politik gehen. Habt ihr Verständnis dafür, dass Menschen Angst haben, sich eben politisch einzubringen und sich dann im Zweifel gegen ein Engagement entscheiden? Könnt ihr das nachvollziehen?

SH: Ich kann es nachvollziehen. Als ich diesen ganzen Hass abbekommen habe, hatte ich das Gefühl, ich muss darüberstehen.

Man muss auf jeden Fall sagen, dass einen das nicht tangiert, denn sonst wissen Rechtsradikale, dass sie einem diese Angst jetzt auch gemacht haben. Aber ehrlich gesagt: Als ich aufgehört habe, vorzugeben, dass es mir nichts ausmacht, hat es aufgehört, so schlimm zu sein. Dann konnte ich wenigstens über die Gefühle, die das alles auslöst, mit anderen Leuten reden. Deswegen sollte man natürlich schon trotz dieser Bedrohung politisch aktiv werden, aber man kann auch ehrlich darüber reden, dass das nicht die schönste Situation ist.

YR: Ich merke immer diesen Unterschied zwischen Leuten, die Politik ehrenamtlich machen, und denjenigen, die es hauptamtlich machen. Ich kann zum Beispiel mein Team bitten, die Kommentare zu lesen, und dann kümmern sie sich um die Anzeige und ich muss nur unterschreiben. Und das ist ein Luxus, den viele, die Politik ehrenamtlich machen, nicht haben. Es gibt auch keinen Raum mehr, sich politisch auszuprobieren, dadurch, dass alles online passiert und dort abgespeichert wird. Ich habe 2005 bei den Jusos angefangen, damals war es noch nicht so, dass man so viel online veröffentlicht hat. Ich hatte einmal unbedacht etwas geschrieben, wozu ich inhaltlich immer noch stehen würde, was ich aber vermutlich nie wieder auf Facebook posten würde. Daraufhin hat die örtliche AfD eine Kampagne gegen mich gestartet und das war schon das Krasseste, was ich je erlebt habe. Wenn Leute mir sagen, sie haben Angst oder sie zögern, politisch sichtbarer aktiv zu werden, weiß ich nicht, ob ich wirklich reinen Gewissens raten würde, es trotzdem zu machen, denn es macht etwas mit einem. Deswegen bin ich persönlich der Meinung, dass wir Anlaufstellen für Ehrenämtler*innen einführen müssen. Sonst haben wir irgendwann nur noch Landtags- und Bundestagsabgeordnete, aber niemanden mehr, der die Basisarbeit macht oder in der Jugendorganisation arbeitet.

SH: Ich kann das unterstreichen mit der Unterscheidung zwischen Ehren- und Hauptamt. Wir hatten damals keine Pressestelle der Grünen Jugend. Die gibt es erst, seitdem ich den Shitstorm hatte. Im Ehrenamt ist es nur mit weiteren ebenfalls ehrenamtlich tätigen Personen möglich, sich gegen diese Angriffe zu wehren.

Ihr habt Lösungsansätze genannt. Wie könnte darüber hinaus eine inklusivere politische Kultur geschaffen werden, die anti-asiatischen oder auch anti-schwarzen Rassismus aktiv entgegenwirkt? Habt ihr da Ideen? Gibt es Dinge, die gut funktioniert haben bisher?

YR: Ich würde mir wünschen, dass es mehr Allyship in Bezug auf Rassismus gibt, auch von Leuten, die keine BIPOCs sind. Wir haben immer noch nicht verstanden, was es heißt, ein diverses, multikulturelles Land zu sein. Dass es darum geht, dass wir alle ein anderes Geschichtsbewusstsein und einen anderen Blick auf die Welt mitbringen. Nicht für alle passt das Narrativ: »Unsere Großeltern-Generation haben im Zweiten Weltkrieg Verbrechen begangen.« Das ist beispielsweise nicht die Geschichte meiner Familie. Dass es hier verschiedene Prägungen gibt, ist auch völlig okay. Klar ist aber: Für alle muss gelten, dass so etwas nicht noch einmal passieren darf. Im Rahmen von politischer Bildung müssen wir gucken, dass wir diese Prägungen zusammenbringen im Wertekompass, den wir hier in Deutschland haben.

SH: Ich habe eine Welle von Antirassismus wahrgenommen, in der weiße Leute damit beschäftigt waren, sich bei mir für ihre Privilegien zu entschuldigen, den ganzen Tag eine Wand angestarrt und sich schlecht gefühlt haben, weil sie weiße Menschen sind. Das hat aber nicht dazu geführt, dass sie aktiver geworden sind, sondern nur verschreckt reflektierter. Ich halte es für unproduktiv, weißen Personen eine Schuld für den lang existierenden strukturellen Rassismus zuzuweisen. Wir hatten Leute in der Grünen Jugend, die sagen: »Ich darf das nicht machen, weil ich weiß bin. Das wäre falsch von mir, wenn ich jetzt mich mit Antirassismus beschäftigen würde, weil ich nicht betroffen bin und dazu keine Meinung haben darf.« Das Denken ist weit verbreitet, dass sich weiße Personen, die nun mal mehrheitlich Mitglieder in unseren Verbänden sind, aus Rassismus-Themen heraushalten sollen. Bei uns hat diese Haltung dazu geführt, dass sich migrantisierte Menschen in der Grünen Jugend nicht mehr richtig weiterentwickeln, weil sie immer nur für das Thema Antirassismus zuständig waren. Dieses Denken muss aufhören.

Gerade die Menschen, die nicht betroffen sind, sollten aktiv werden, auch Meinungen entwickeln und sich dem Thema Antirassismus annehmen, damit migrantisierte Menschen sich mit Themen wie Finanzen, Wirtschaft, Arbeit, Soziales auseinandersetzen können. Diese Art von Solidarität halte ich für äußerst wichtig, denn ich fühle mich dann sicher, wenn ich weiß, ich habe Freunde, die für mich da sind, die sich für mich einsetzen, die mit mir und für mich gegen Rassismus kämpfen, sodass ich es auch mal sein lassen kann. Doch gerade in so einem linksliberalen Lager sind alle so verkrampft beim Thema Antirassismus, dass es am Ende trotzdem bei Leuten wie uns hängenbleibt.

Noch einmal konkret: Mitglieder schützen, wie funktioniert das? Antirassismus vielleicht auch politisch bekämpfen. Wie könnte

das auf einer größeren Ebene, auf einer institutionellen Ebene, noch mal verstärkt funktionieren, wenn wir uns dem Thema annähern wollen? Über fraktionelle Netzwerkarbeit? Sind es vielleicht noch mal andere Gesetze, die die Politiker:innen schützen?

YR: Neue Gesetze, um Bundestagsabgeordnete oder Politiker*innen zu schützen, braucht es nicht. Fälle, in denen Politiker*innen körperlich angegriffen werden, sind erschreckend, aber sie können nicht per Gesetz verändert werden, es sind jetzt schon Straftaten. Eigene Maßnahmen für Bundestagsabgeordnete mit Migrationshintergrund wären auch nicht förderlich. Alle Abgeordneten müssen dieselben Rechte und Pflichten haben. Allein die Tatsache, dass wir so viele Ressourcen haben, dass wir einen direkten Draht zum BKA haben, ist schon ein Privileg. Das Ehrenamt zu stärken, wäre viel wichtiger. Ich würde mir wünschen, dass es mehr politische Bildung in den Schulen gibt, dass die Kinder dort eine vernünftige, konstruktive Auseinandersetzung üben, wenn man unterschiedlicher Meinung ist.

SH: Für mich ist Antirassismus nicht nur, den Vorfall selbst, sondern die Möglichkeit eines Vorfalls zu verhindern. Rassismus steht im Zusammenhang mit einem starken Konkurrenzdruck in der Gesellschaft, den die AfD rassistisch auflädt, indem sie sagt: »Du verlierst deinen Job, aber Geflüchtete kommen. Du hast eine so hohe Miete, aber Geflüchtete kommen.« Und wisst ihr, wann das nicht so gut funktionieren würde? Wenn die Leute nicht Angst hätten, ihren Job zu verlieren, und die Mieten nicht so hoch wären, wenn Supermärkte in Dörfern nicht schließen müssten, die Schwimmbäder und die soziale Infrastruktur vor Ort nicht zusammenbrechen würde und nur noch die AfD vor Ort steht, Bratwurst brät und versucht, die Wut der Leute zu kanalisieren. Der Sparkurs der Bundesregierung ist politisch. Ich werde niemals die AfD darin aufhalten können, was sie tun will. Aber ich habe als Politikerin, als Partei und Regierung einen Einfluss darauf, ob sie damit Gehör findet oder ob es ein anderes politisches Angebot gibt, das ihr den Wind aus den Segeln nimmt. Es gibt Möglichkeiten, diese Situation zu entschärfen. Die haben nicht unbedingt was mit einem Diversity-Programm zu tun, sondern mit Investitionsprogrammen.

Auch Migrant*innen leiden unter der sozialen Situation, weil sie diejenigen sind, die in den schlechtesten Wohnungen, den schlechtesten Berufen stecken, die kaum Zukunft für ihre Kinder sehen. Wenn man diesen sozialen Aspekt in das Thema Rassismus wieder reinbringt, hat man die Möglichkeit, Leuten zu erklären: »Deine Kollegin hat zwar Migrationshintergrund, aber ihr werdet beide schlecht bezahlt. Lass uns mal darüber reden statt sich gegeneinander ausspielen zu lassen.« Solche Perspektiven zu entwickeln, ist für mich meine politische Verantwortung.

Wie werden euch diese Themen weiterhin beschäftigen? Ist konkret etwas geplant und warum lohnt es sich, sich einzumischen?

YR: Wir müssen besser kommunizieren lernen, einfacher. Deutschland hat kein Migrationsproblem, das müssen wir erklären. Zum Beispiel, dass es einfach zu lang dauert, bis Migrant*innen die Möglichkeit bekommen, gewissen Rechten und Pflichten überhaupt nachzukommen. Oder auch, was die AfD überhaupt will, das ist vielen nicht bewusst. Ein Kollege von mir im Bundestag hatte letztens eine Schulklasse zu Besuch. Davon die Hälfte hat gesagt, sie haben in der letzten Landtagswahl die AfD gewählt. Er wusste nicht, was er sagen sollte. Er hat gesehen, dass ein Junge im Rollstuhl unter ihnen war und hat die Klasse gefragt: »Wer von euch ist denn mit ihm befreundet?« Fünf, sechs Schüler*innen haben sich gemeldet und mein Kollege hat gesagt: »Habt ihr mitbekommen, was Höcke im Sommer gesagt hat zum Thema schulische

Inklusion?« Dann hat er das erzählt und ein Junge hat angefangen zu weinen und hat gesagt: »Das war mir nicht bewusst.« Man hat 40 Schüler*innen vor sich sitzen und man schafft es am Ende, einen einzigen sichtbar zu bewegen, darüber nachzudenken, was es bedeutet, die AfD zu wählen. Es ist unglaublich mühsam. Da haben es natürlich Populist*innen viel einfacher. Die müssen einfach nur Gift säen und behaupten, sie hätten einfache Lösungen auf komplexe Probleme. Das ist etwas, woran wir wirklich alle zusammen arbeiten müssen, dass es nichts bringt, die gleichen Sachen zu fordern wie Rechtspopulist*innen oder Rechtsextreme.

SH: Ich halte es für sehr wichtig, dass es auch eine Möglichkeit gibt, unzufrieden zu sein, ohne dabei nur ein politisches Angebot von Rechts dafür zu haben. Deswegen werde ich mich weiter für linke Alternativen starkmachen, auch weil ich glaube, dass es wichtig ist, dass dieser Unmut den richtigen Ort findet und die politischen Antworten darauf die richtigen sind. In den Momenten, in dem ich das Bedürfnis habe, mich aus der Politik zurückzuziehen, denke ich an die Kinder, die gerade hier aufwachsen. Wenn ich durch Berlin laufe und kleine migrantisierte Kids mit ihrer Familie sehe, die wahrscheinlich noch gar nicht wissen, was gerade eigentlich los ist, denke ich: Wenn die so alt sind wie ich, ist es noch schlimmer geworden mit der Spaltung der Gesellschaft. Und der Gedanke tut richtig weh. Das ist der Moment, wo ich mich wieder zusammenreiße. Ich bin in Armut aufgewachsen. Ich werde nicht zulassen, dass mehr Kinder in der Armut leben als zu der Zeit, in der ich groß geworden bin. Und ich werde nicht zulassen, dass noch mehr migrantische Kinder Angst haben müssen. Das spornt mich an. Auch deswegen möchte ich in Zukunft anders Politik machen, als ich es bei den Grünen konnte.

Das Interview führte Tannaz Falaknaz am 27. Mai 2024

HENRIETTE REKER

Henriette Reker ist die erste Frau, die in Köln als Oberbürgermeisterin
die Politik bestimmt. Als parteilose Politikerin wurde sie bei ihrer Wahl
und Wiederwahl von vielen unterschiedlichen Parteien unterstützt. 2015
überlebte sie ein Attentat am Infostand im Rahmen der Kommunalwahlen nur knapp. Sie gewann die Wahl im künst-
lichen Koma und wurde 2020 im Amt bestätigt. Vor ihrem Oberbürgermeisteramt war
Henriette Reker Beigeordnete für Soziales,
Gesundheit und Verbraucherschutz der
Stadt Gelsenkirchen und Beigeordnete für
Soziales, Integration und Umwelt in Köln.

Foto: Stadt Köln/Jens Koch

PARTEILOS GLÜCKLICH? GEDANKEN ZUR PARTEILOSIGKEIT IN DER KOMMUNALPOLITIK

Am 3. März 2009 saß ich auf dem Sofa meiner Gelsenkirchener Wohnung und blickte auf die Trümmer des Kölner Stadtarchivs, die in Endlosschleife auf dem Fernsehschirm erschienen. Es sollte bis in den späten Abend dauern, bis sich bestätigte, dass die meisten Personen das Gebäude kurz vor Einsturz verlassen konnten. Bei diesem Unglück, ausgelöst durch Mängel beim U-Bahn-Bau, starben unmittelbar zwei Menschen. Nur langsam wich die Schockstarre in mir einer Unruhe. Ich tastete mich an die Erkenntnis heran, dass unter dem Beton des 1970er-Jahre-Baus nicht allein das 2000-jährige Kölner Gedächtnis begraben war, sondern mit ihm auch das Bild meiner Heimatstadt, das ich in mir trug, nachdem ich die Stadt als 19-Jährige verlassen hatte und in die ich als Kölnerin im Herzen, aber nur als Besucherin im Realen, gelegentlich zurückkehrte.

Es war mein politischer Schlüsselmoment. Mir wurde noch an diesem Abend bewusst: Ich musste zurück nach Köln – und zwar so, dass ich die Geschicke der Stadt beeinflussen konnte. Mit einem Mal fühlte ich mich des eigenen Lebenswegs bewusst, der mich aus Köln herausgeführt hatte. Mir war klar, dass ich ihn selbst beeinflussen müsste, um meiner wiederentdeckten »Mission Köln« eine Chance zu geben.

Als Sozialdezernentin der Stadt Gelsenkirchen hatte ich zu diesem Zeitpunkt zwar ein politisches Wahlamt inne, war dafür aber keine der üblichen politischen Stationen durchlaufen. Ich hatte Einfluss erhalten, er war mir auf Zeit nach Wahl und späterer

Wiederwahl durch den Rat verliehen worden, das ja. Ich hatte mein Amt aber nicht durch jahrelange Zielstrebigkeit – auf diesen einen Posten hin – errungen. Es wurde an keinem Zaun gerüttelt, ich besuchte keine Parteistammtische auf diversen »Ochsentouren«. Die Mechanismen der Politik waren mir weitestgehend fremd.

Aufgewachsen im damals durch Arbeiterinnen und Arbeiter geprägten Stadtteil Bickendorf schickte mich meine Mutter durch das halbe Köln der 1970er Jahre, damit ich als evangelisches Mädchen die Erzbischöfliche Liebfrauenschule im bürgerlichen Lindenthal besuchen konnte. Nach dem Abitur ging ich nach Regensburg und später, nach kurzem Interludium in Köln, nach Göttingen zum Studium der Rechtswissenschaften. Als ich schließlich Ende der 1990er Jahre Justiziarin eines Krankenkassenverbandes war, erhielt ich einen Anruf des damals neu gewählten Oberbürgermeisters von Gelsenkirchen, Oliver Wittke. Sensationell hatte der damals 32-jährige Wittke zuvor mit seiner CDU das tiefrote Zentrum der SPD-Herzkammer Ruhrgebiet erobert und war somit jüngster Oberbürgermeister Deutschlands. Ob ich mir vorstellen könne, Sozialdezernentin zu werden, fragte Wittke. Ich sagte zu und bekam es fortan mit den sozialen Herausforderungen und Problemen einer Ruhrgebietsstadt im Strukturwandel zu tun. Ich kam an mein Amt als Produkt meiner Expertise, nicht als Resultat politischer Karriereplanung. Deren Geheimnisse blieben mir damals verborgen, was mich nicht weiter störte, denn ich sah mich selbst als Teil einer Funktionselite, deren Legitimität sich aus Fachwissen schöpft anstelle von Netzwerk und Repräsentationsfähigkeit.

Als vom Rat gewählte Beigeordnete war ich in Gelsenkirchen Teil des politischen Geschehens. Tatsächlich aber fühlte ich mich dem politischen Bereich des Rathauses fern. Die Lokalpresse las ich mit den Augen der informierten Bürgerin. Ich sah mich zwar als Teil der Verwaltung, nicht aber als Figur auf dem politischen Parkett. Politik hatte in meinem Leben bis dato die Rolle gespielt, die sie in meiner Generation eben spielte. Als Jugendliche hatte ich für Willy Brandt Flugblätter ausgetragen, meine Mutter war – wie fast alle Nachbarn in Bickendorf – SPD-Wählerin. Mit der Frage einer Parteimitgliedschaft hatte ich mich selbst nie auseinandergesetzt. Eine Unterordnung unter Parteilinie und -interessen erschien mir weder notwendig noch besonders erstrebenswert.

Artikel 21 des Grundgesetzes, »[d]ie Parteien wirken bei der politischen Willensbildung des Volkes mit«, ist konstitutionelles Understatement pur. Parteien sind im politischen System der Bundesrepublik Deutschland das Vehikel der Machttransmission – auf allen Ebenen und zu jeder Zeit. Das Ausmaß des direkten und indirekten Einflusses von Parteien, insbesondere auf die Personalauswahl in Ministerien, Regierungen, Staatskanzleien, Parlamenten, Rathäusern und Behörden ist gewaltig. Dieser Umstand wird besonders dann bewusst, wenn man, so wie ich, Teil des Verwaltungsapparats geworden, aber gleichsam ohne Parteibuch Fremdkörper geblieben ist. Parteimitglied sein, das heißt Netzwerk und Unterstützer haben. Und: Aufstiegsperspektiven.

Sollte es nach Köln gehen, brauchte ich die nun also auch. Parteimitglied werden kam dennoch nicht in Frage – es würde schon daran scheitern, welcher. Ich war und bin Wechselwählerin. Ich blättere vor Wahlen in aller Ernsthaftigkeit die Programme von CDU, SPD, Grünen und FDP durch, um dann anzukreuzen, was mir in der jeweils aktuellen Situation richtig erscheint. Wenn ich also schon kein Parteimitglied werden wollte, so wollte ich aber zumindest lernen, mich wie ein Parteimitglied zu verhalten.

In Gelsenkirchen konnte ich das Verhalten von Parteimitgliedern studieren. Es war wichtig, die eigene Parteizugehörigkeit nicht zu erwähnen, aber doch nie einen Zweifel an ihr zu lassen. In Sitzungen war es wichtig, selbst das Wort zu ergreifen, aber nie-

mals zu lange zu sprechen. Am besten war es, auf vorherige Wort-
beiträge – am besten jene von anderen Parteimitgliedern – Bezug
zu nehmen und diese Beiträge mit eigenen Gedanken zu ergänzen, ihnen dabei aber keinesfalls zu widersprechen. Das Entscheidende war, stets Kompetenz auszustrahlen. Kontraproduktiv war
hingegen, das merkte ich schnell, wirklich Verantwortung zu tragen. Wer Verantwortung trug, bildete eine Angriffsfläche und kam
schnell in einen Rechtfertigungsmodus, wenn die Dinge einmal
nicht so liefen, wie die Erwartungshaltung lautete.

Im Universum der Parteien ist Präsenz der Schlüssel zur Karriere. Präsenz bedeutet dabei mehr als die bloße Anwesenheit.
Sie erfordert ein hohes Maß an Repräsentationsfähigkeit, die ich
zu Beginn meiner Karriere in Gelsenkirchen noch als sekundär
betrachtete. Ich kam mir naiv vor. Die Personalauswahl in Parteien, also wer wird Abgeordnete, Fraktionsvorsitzender, Ministerin, Landesvorsitzender, Kreisvorsitzende, Oberbürgermeisterin,
Landrat oder Dezernentin, ist ein von außen schier undurchdring-
liches Geflecht von parteiindividuellen, expliziten Regeln und solchen, die unausgesprochen blieben. Wer etwas werden möchte,
muss diese Regeln beherrschen und ihnen folgen. Er oder sie muss
der Parteidisziplin Rechnung tragen, ohne dabei intern farblos zu
wirken. Ambition muss subtil versteckt, aber doch für die Richtigen erkennbar sein, rhetorisches Talent vorhanden, Jahre der Mitgliedschaft verbunden mit Plakatierung im Regen auch, Netzwerke müssen geknüpft sein.

Wer diese Regeln erfolgreich beherrscht, hat schließlich die
Chance, an einer Karrierelotterie teilzunehmen, die in der Poli-
tikwissenschaft oft als »Window of Opportunity«, also dem Gele-
genheitsfenster bezeichnet wird. Ich lernte in Gelsenkirchen mit
Blick auf alle Parteien, dass der talentierteste Parteipolitiker keine
Chance erhielt, wenn es im Machtgefüge aus offiziellen und informellen Quotierungen nach Geschlecht, Alter, Orts- oder Kreisver-

bandszugehörigkeit und mehr keinen freien Platz für ihn gab und war immer wieder überrascht, dass dieser Umstand von den Betroffenen in der Regel akzeptiert wurde und sich die Parteien mit diesem System zufriedengaben. Tatsächlich erschien die einzige Möglichkeit der Überlistung des Systems der private Umzug in günstigere Gefilde, was aber wiederum eigene Probleme mit sich brachte und natürlich nach höchster sozialer Mobilität verlangte.

Ich empfand dieses System, vom Seitenrand aus betrachtet, vor allem als leistungshemmend. Spricht man mit Parteipolitikern, wird die dem System inhärente Einschränkung des Prinzips der Bestenauslese stets bedauert. Und trotzdem sind die Beharrungskräfte der Parteien geradezu gigantisch. Auf Erkenntnis folgt in Fragen der inneren Konstituierung von Parteien selten ein entsprechendes Ergebnis. Kein Wunder, schließlich müssten es diejenigen, die das System erfolgreich durchlaufen haben, abschaffen oder zumindest stark reformieren. Warum sollten die erfolgreichen Repräsentanten das System der Repräsentanz nach ebenjener Quotierung, die auf ihr Profil zutrifft, ändern?

Die beschriebenen Mechanismen parteiinterner Demokratie widersprechen dem meritokratischen Impetus, Machtpositionen nach möglichst breit akzeptierten, leistungsbezogenen Kriterien zu besetzen. Sie sind intransparent und liefern häufig genug imperfekte Ergebnisse. Letztlich aber müssen die Parteien selbst prüfen, ob das System interner Quotierung, das die Repräsentation der eigenen Gruppe ermöglicht – dabei jedoch freimütig in Kauf nimmt, dass besser geeignete Kandidatinnen und Kandidatin nicht zum Zuge kommen –, das richtige für das Land ist. Im System der Bestenauslese nach parteiindividuellen Kriterien jedenfalls würden Quereinsteiger mit ausgeprägtem Fachwissen, aber mangelhaften Parteikriterien kaum vorkommen. (Eine Kombination von beidem ist natürlich möglich und kommt vor!) Es ist sogar zu argumentieren, dass das Parteiengesetz plebiszitäre

Elemente, die es Quereinsteigern ggf. einfacher machen würden, in der inneren Verfasstheit von Parteien in Bezug auf die Personalauswahl wenig vorsieht – es gilt der »Parteitagsvorbehalt«, der spätestens durch die Delegiertensysteme oberhalb der Kreisverbandsebene zum Vorbehalt der Parteielite wird.[*] Dabei sind Parteien verpflichtet, Parteitage abzuhalten, eben weil ihre Mitglieder wirksame Partizipationsmöglichkeiten haben sollen. Aufgrund der schieren Größe der erfolgreichen deutschen Parteien jedoch muss bereits im Mittelbau der Parteien auf Delegiertensysteme zurückgegriffen werden. Bei den Delegierten handelt es sich daher notwendigerweise um ein Destillat der Parteibasis. Delegierte haben in aller Regel die gleichen innerparteilichen Prozesse nach den bereits beschriebenen Verhaltensregeln durchlaufen. Ein Beispiel: Der CDU-Bundesparteitag versammelt 1.000 Mitglieder, das sind 0,26 % der derzeitigen Mitgliederzahl von 363.000 (Stand Juli 2024). Selbst diese 1.000 Mitglieder sinnvoll und zielorientiert miteinander diskutieren zu lassen, ist eine echte Herausforderung und verlangt nach einer gewissen Steuerung, die in der Regel nur durch die Parteielite gewährleistet werden kann.

Expertinnen und Experten, insbesondere solche ohne Parteibuch, haben es in Deutschland als Quereinsteiger in der Politik seit Langem schwer. Gelegentlich werden sie als Gegenmodell zu fachfremden Parteigewächsen, die von einem Tag auf den anderen Behörden und ganze Ministerien leiten, propagiert. Die Geschichte der parteilosen Experten in verantwortlichen Positionen in Deutschland ist aber so kurz wie durchwachsen. Erinnert sei an den parteilosen Paul Kirchhoff, der mit seiner Steuerreform (»flat tax«) Angela Merkel 2005 beinahe die Kanzlerschaft kostete. Auch

---

[*] Vgl. von Notz, Anna: *Urwahl? Ausgeschlossen!: Warum das Parteienrecht ein Update braucht, VerfBlog,* 2019/6/20, https://verfassungsblog.de/urwahl-ausgeschlossen/, aufgerufen am 24.04.2024.

Bundespräsident a. D. Horst Köhler ist durch seinen Rücktritt ein fast schon tragischer Fall für das Expertentum, wurde als sein Nachfolger doch mit Christian Wulff jemand berufen, der explizit über parteipolitische Erfahrung verfügen sollte. Experten und Parteilosigkeit, das merkte ich später in aller Konsequenz, sind zuallererst Projektionsflächen. Unbeschriebene Blätter, denen positive Wirkung vorab angeheftet werden kann, die aber auch kurzfristiges Ziel negativer Zuschreibungen sind.

Solange also die Politik nicht binnen kürzester Zeit die Systemfrage stellte, musste ich mich auf mich selbst konzentrieren und dort anfangen, wo ich bereits etwas vorzuweisen hatte. In meinen Fall war dies ein Netzwerk. Die Sozialdezernentinnen und -dezernenten der großen Städte in Nordrhein-Westfalen pflegten vor 15 Jahren einen durchaus herzlichen, kollegialen Kontakt. Besonders gut kam ich mit meinen Kölner Amtskolleginnen Ursula Christiansen (SPD) und später Marlis Bredehorst (Grüne) aus. Ich telefonierte gerne und regelmäßig mit ihnen. Beide waren alles andere als Paragraphenreiterinnen, sie waren soziale Frontkämpferinnen, die in Köln keiner Debatte aus dem Weg gingen. Insbesondere Marlies Bredehorst beherrschte die Tiefen und Tücken der Sozialgesetzgebung wie kaum eine Zweite und machte gleich zu Beginn ihrer Amtszeit 2003 klar: Sie kam nicht zum Verwalten, sondern zum Gestalten. Ursula Christiansen und Marlies Bredehorst waren Vorbilder. Wir waren im Wesen unterschiedlich, vertraten aber im Wesentlichen die gleichen Haltungen. So entwickelten sich über die Jahre stabile Verbindungen zwischen Frauen, die sich unterstützen. Meine Parteilosigkeit spielte für beide überhaupt keine Rolle. Sie betrachteten mich nicht aus den Augen einer Parteigängerin, sondern aus den Augen der engagierten Kollegin. Anwerbeversuche für SPD oder Grüne gab es von ihnen nicht.

Als ich meinen Gefühlen zur »Mission Köln« Ausdruck verlieh, sagte Bredehorst mir am Telefon gleich zu: »Ich suche was für dich!« – in Köln. Was ich nun neben dem Netzwerk brauchte, war also mein »Window of Opportunity«, und zwar eines, in dem eine parteilose Expertin Platz finden würde.

Nach wenigen Monaten erschien es in Form der rot-grünen Minderheitsregierung in Nordrhein-Westfalen. Bredehorst wurde von Ministerpräsidentin Hannelore Kraft im Juli 2010 zur Staatssekretärin im NRW-Gesundheitsministerium gemacht. Köln brauchte eine neue Sozialdezernentin. Ich setzte mich im nachfolgenden Auswahlverfahren durch und wurde durch das den Kölner Grünen politisch zustehende Vorschlagsrecht zur Dezernentin für Soziales, Gesundheit und Umwelt der Stadt Köln gewählt. Ich fühlte mich, als hätte ich bei meiner ersten Lottoziehung gleich den Hauptpreis gewonnen. Ich war zurück in Köln und hatte mich mit Fachkompetenz und Netzwerk durchgesetzt. Meine Mission konnte beginnen.

Meine Zeit im Kölner Stadthaus im Stadtteil Deutz mit Blick auf das Machtzentrum im Historischen Rathaus auf der gegenüberliegenden Rheinseite war von Anfang an von Verteilungskämpfen im Verwaltungsvorstand, dem Beratungsgremium der Dezernenten, geprägt. Ich merkte schnell, dass Umwelt- und Klimaschutz in Haushaltsverhandlungen die ersten Posten waren, die gekürzt wurden. Der Etat für Soziales in einer Millionenstadt wie Köln, die nicht auf die gleiche Sozialstruktur wie Düsseldorf oder München zurückgreifen kann, ist in seinen Ausmaßen gewaltig. Ich gab in etwa den gleichen Betrag aus, wie die Stadt durch ihre Gewerbesteuer einnahm. Ich musste mich durchkämpfen und lernte, mich der Präsenztechniken der Parteimitglieder zu bedienen, wie ich sie zuerst in Gelsenkirchen beobachtet hatte. Als Parteilose war ich im Verwaltungsvorstand eine Exotin. Alle anderen Dezernenten waren Mitglieder von SPD, CDU oder Bündnis 90/Die Grünen.

Im Herbst 2010 erschien es noch unmöglich – auch mir –, dass eine Parteilose Oberbürgermeisterin werden konnte. Die Verwaltung war damals noch vollständig durchdrungen von den Parteien. Insbesondere die Kölner SPD hatte zu jenem Zeitpunkt durch ihre jahrzehntelange Dominanz ein Netzwerk aufgebaut, gegen welches keine Karriere in der Kölner Stadtverwaltung zu machen war. Im Rat herrschte jedoch eine ausgelaugte, von sich selbst erschöpfte rot-grüne Koalition, die nach der Kommunalwahl 2014 noch ein letztes Mal zusammenfinden sollte. Meine Kandidatur nur fünf Jahre später war für mich damals nicht einmal ein Gedankenspiel. Ich fand, meinen Platz gefunden zu haben, und betrachtete mit Distanz das politische Ränkespiel um meinen SPD-Amtsvorgänger Jürgen Roters, das schließlich darin mündete, dass er nach nur einer Amtszeit nicht mehr als Oberbürgermeister antrat.

Über die in den Jahren 2013 bis 2015 anlaufende, sogenannte Flüchtlingskrise stand ich plötzlich im Mittelpunkt des Geschehens. In Köln kamen täglich Dutzende, in den Hochzeiten des Jahres 2015 Hunderte Geflüchtete täglich an. Ihre Ankunft am Flughafenbahnhof musste organisiert werden, ihre Unterbringung gesichert, medizinische Eingangsuntersuchungen durchgeführt, Sprachkurse konzipiert und Integrationsleistungen gemanagt werden. Ich wurde rastlos. Gemeinsam mit meinen Mitarbeitern im Dezernat kaufte ich leerstehende Hotels und Bürogebäude, mietete Wohncontainer, lies mich kritisieren von Aktivistinnen und Aktivisten, die eine Unterbringung in Containern für wenig menschenwürdig hielten, und beschimpfen von Anwohnern, die neue Nachbarn aus Syrien bekamen. In einer Bürgerversammlung wurde ich angespuckt. Ich machte weiter, denn das Thema war mir vollständig überantwortet. Im beginnenden Oberbürgermeisterwahlkampf wollte die »regierende« SPD so viel Distanz zwischen sich und die schwierigen Zustände insbesondere rund um die Unterbringung Geflüchteter bringen, wie es nur ging. Sie legte das Thema in die Hände einer Parteilosen. Dass die erfolgreiche

Übernahme von Verantwortung in Profilierung resultiert, war eine Erkenntnis, die erst spät einsetzte. Auch bei mir.

In Kölns politischem Raum bestand im Frühjahr 2015 die Sehnsucht nach etwas Neuem. Nicht nur nach neuem Personal, sondern nach neuen Ideen und neuen Modellen. Die Gemeindeordnung in Nordrhein-Westfalen, aber auch anderswo, ist nicht auf die Dominanz einer Partei oder einer Ratskoalition ausgelegt. Im Kölner Rat bilden sich Regierung und Oppositionsfraktionen, im Moment der Ratssitzung verdrängen die Kommunalpolitiker, dass die Fraktionen Teil der Exekutive sind. Sie beschließen keine Gesetze und wählen keine Regierung. Gemeinsam mit der Stadtverwaltung führen sie Gesetze lediglich aus und bewegen sich im Rahmen der Gemeindeordnung. Es bedarf also in keinem Rathaus in Nordrhein-Westfalen einer Koalition, dennoch findet sich fast überall ein solches Konstrukt.

Die Kölner Politik stand zu jener Zeit im Nahkampf. Rot-Grün regierte mit einer Stimme Mehrheit. Diese Stimme hing an einem im Kölner Süden gegen alle Erwartungen von der SPD errungenen Ratsmandat. Auffällig waren dabei Stimmverteilungen in einzelnen Wahllokalen, die massiv von den Ergebnissen im Umkreis abwichen. Über Monate hinweg wehrte sich die SPD mit Unterstützung der von ihr kontrollierten Stadtverwaltung und des SPD-geführten Innenministeriums in Düsseldorf gegen eine Neuauszählung. Nachdem die CDU eine Neuauszählung gerichtlich durchsetzen konnte, bestätigte sich der Verdacht: Stapel von Stimmzetteln waren vertauscht worden. Die rot-grüne Mehrheit war passé, der Eindruck desaströs. »Eine Stadt im Niedergang«, titelte die *taz*. Köln war als Millionenstadt in der Klüngel-Provinzialität versunken. Der Zusammenbruch des Stadtarchivs und der verpatzte Bau der Oper rundeten dieses Bild ab.

In einer von Parteien durchdrungenen Verwaltung ist Parteilosigkeit eine Disruption. Von den Ereignissen und meinem Erleben aus nächster Nähe im Verwaltungsvorstand ging mir die Situation Kölns nah. Ich bin keine, die Verantwortung scheut. War die Berufung zur Sozialdezernentin ein großes »Window of Opportunity«, so war die einmalige Konstellation Anfang des Jahres 2015 ein »Scheunentor of Opportunity«. Durch die Angleichung von Wahlperioden in Nordrhein-Westfalen fand die Oberbürgermeisterwahl ausnahmsweise nicht gemeinsam mit der Kommunalwahl, also der Wahl von Kreistagen, Stadt- und Gemeinderäten, statt. Nach den Vorkommnissen rund um die vertauschten Stimmzettel stand eine vereinigte politische Front der Kölner Parteien von CDU, Grünen, FDP und weiteren Wählergruppen gemeinsam gegen die SPD. Ein Ende von Rot-Grün im Rat – mit Ergänzung der Linken – wurde bereits vorbereitet. Gesucht wurde eine Kandidatin. Eine, auf die sich das breite Bündnis einigen konnte.

Ich habe in meiner Karriere viele Frauen erlebt, die Gelegenheiten nicht nutzten, weil es ihnen an Selbstbewusstsein fehlte. Ich bin in meinem Beruf noch nie einem Mann begegnet, dem es ähnlich ging. Das Amt des Oberbürgermeisters hatte ich 15 Jahre aus der Nähe betrachtet. Ich sah Manager und Repräsentanten, Macher und Männer, die ihre Führungsaufgaben delegierten. Ich kam zu dem Schluss, dass Männer sich die Frage »Schaffe ich das?« wohl meist gar nicht erst stellten. Ich traute mir das Amt zu und sah mich in der Pflicht. Ich wollte die Erste sein. Eigentlich habe ich mich nie als Vorkämpferin für Fraueninteressen gesehen, auf einmal aber spielte dieser Aspekt in meiner Gedankenwelt eine Rolle. Wenn ich die Erste würde, würden andere es nach mir schaffen. Dazu konnte ich nun etwas beitragen und war entschlossen, diese Chance zu nutzen. Am 18. Oktober 2015 wurde ich zur ersten Oberbürgermeisterin einer Millionenstadt in Deutschland gewählt.

In der Zeit meiner beiden Wahlkämpfe 2015 und 2020 und natürlich während meiner Amtszeiten habe ich viel über Parteilosigkeit gelernt. Ich beschrieb bereits, dass die öffentliche Wahrnehmung von Parteilosigkeit zuallererst eine Projektionsfläche ist. Zu Beginn meiner Amtszeit wurde nicht selten erwartet, dass ich nun bald »aufräumte«. Das Arbeitsrecht im öffentlichen Dienst aber erlaubt kein »Aufräumen«, wie man es beispielsweise von einem Konzernretter oder Insolvenzverwalter erwartet. Im öffentlichen Dienst ist mit den Menschen zu arbeiten, die man vorfindet. Ich machte mich an eine Verwaltungsreform, die zuallererst die Kultur der Organisation mit weit über 20.000 Mitarbeitern verändern sollte. Ich konnte mich dabei auf die großen Vorteile von Parteilosigkeit verlassen. Ich hatte und habe keiner Parteidisziplin, keinem Parteitag, keiner Fraktion zu dienen. Parteilosigkeit heißt aber auch: allein kämpfen. Es gibt keine Partei, keinen Parteitag und keine Fraktion, die bedingungslos hinter mir steht. Im Stadtrat habe ich, wenn auch selten, Niederlagen einstecken müssen.

Im Wahlkampf 2020 fragte mein Team per Umfrage mein Profil in der Kölner Bevölkerung ab. Parteilosigkeit wird bei den Kölnerinnen und Kölnern äußerst positiv bewertet. Ich freute mich sehr über die hohen Vertrauenswerte, die aus den Ergebnissen der Umfrage hervorgingen. Zu schaffen machte meinem Wahlkampfteam – mehr als mir – jedoch, dass die inhaltlichen Zuschreibungen insbesondere in zahlreichen Fokusgruppeninterviews diffus und zweideutig waren. Manche Kölnerinnen und Kölner sehen in mir eine Konservative und machen diesen Umstand an meiner Kleidung fest. Schon im Wahlkampf 2015 produzierte eine linke(!) politische Jugendorganisation Aufkleber mit meinem Konterfei und dem Spruch »Henriette, Perlenkette«. Stereotypen und Vorurteile sind und bleiben Ballast für jede Frau, die etwas erreichen will. Andere wiederum sehen in mir eine »grüne Linksaußen« und machen dies an meinem Einsatz für die Grüngürtel fest.

Parteilosigkeit fällt aus dem Rahmen – auch gesetzlich. Um bei meiner ersten Wahl überhaupt antreten zu können, musste ich zuvor mehrere hundert Unterstützerunterschriften sammeln. Leichter wäre es gegangen, ich hätte mich direkt von den Parteien als sogenannte »Wahlvorschlagsträger« aufstellen lassen. Das hätte aber kaum zu mir gepasst. Wenn eine Partei, die in Nordrhein-Westfalen bereits im Rat der jeweiligen Gebietskörperschaft vertreten ist, einen Kandidaten oder eine Kandidatin aufstellt, sind keine Unterstützungsunterschriften nötig. Das nordrhein-westfälische Kommunalwahlrecht hält für parteilose Kandidaten, und vor allem für parteilose Amtsinhaber, übrigens eine weitere Überraschung parat: Der Grundsatz, dass Amtsinhaber auf dem Wahlzettel oben stehen, gilt nur für parteiangehörige Kandidaten. Tritt eine parteilose Amtsinhaberin zur Wiederwahl an, muss sie sich hinter den parteiangehörigen Kandidaten, und dann in alphabetischer Reihenfolge zwischen den weiteren parteilosen Kandidaten einfügen. So landete ich auf dem Kölner OB-Wahlzettel 2020 auf Platz elf. Der Hintergrund ist ein Paragraph des NRW-Kommunalwahlgesetzes, der die Reihenfolge der Kandidaten auf dem Stimmzettel regelt. Diese richtet sich auch bei Oberbürgermeister-, Landrats, oder Bürgermeisterwahlen allein nach der Reihenfolge der Stimmenzahl, die eine Partei oder Wählergruppe bei der vorangegangenen *Vertretungs*wahl erhalten hat, also der Rats- oder Kreistagswahl (§ 32 Abs. 2 KWahlG NRW). Ein Anachronismus aus Zeiten, in denen der Oberbürgermeister in Nordrhein-Westfalen noch vom Stadtrat gewählt wurde. Niemals könnte also ein parteiloser Amtsinhaber ganz oben stehen – ein echter Nachteil, der 2020 nicht nur mich traf, sondern weitere Amtsinhaber, wie etwa die parteilose Anne Horst in der Gemeinde Weilerswist im Kölner Umland. Auch sie konnte sich schließlich doch durchsetzen.

Meine Erfahrung lautet: Wer parteilos ist, muss sich das Profil härter erarbeiten als Parteipolitiker. Man darf von den Parteien keine Unterstützung erwarten, kann sie sich aber durchaus erarbeiten. Parteien sind gegenüber parteilosem Engagement offener geworden. Gerne lese ich von der bundesweit immer stärker steigenden Zahl parteiloser Bürgermeisterinnen und Bürgermeister und Landräte. Besonders, wenn sie sich etwa im Osten Deutschlands in Stichwahlen gegen AfD-Kandidaten durchsetzen. Fast immer werden sie dabei von Parteien unterstützt. Auch das gehört zur Wahrheit: Ein Wahlkampf, insbesondere der in einer Millionenstadt, funktioniert nicht ohne die Organisationsmaschinen der Parteien. Die wenigsten parteilosen Kandidatinnen und Kandidaten werden die Wahl ohne politische, organisatorische und auch finanzielle Unterstützung seitens Parteien erfolgreich bestehen.

Die Frage bleibt, ob ich meinen Weg auch »mit Partei« gegangen wäre. Letztlich war auch ich auf die Lotterie um das »Window of Opportunity« entscheidend angewiesen, während mich meine persönlichen Qualitäten erst dorthin gebracht haben, an der Auslosung teilzunehmen. Fleiß lohnt sich auch »ohne Partei« – er ist Voraussetzung für alle Ambition. Parteilose Politikerinnen und Politiker sind nicht die besseren Menschen und größeren Experten. Auch wie sich die Politik parteiloser Amtsinhaber in der Praxis von ihren parteiangehörigen Kollegen unterscheidet, bleibt wohl vorerst politikwissenschaftliches Desiderat. Die Wahl von Parteilosen in kommunale Ämter ist aber ein Transmissionsriemen für Perspektiven und Lebensgeschichten außerhalb des Universums der Parteien. Vielfalt ist das Merkmal resilienter Gesellschaften und ihrer politischen Systeme. Parteilosigkeit macht das demokratische Spektrum bunter und kann nicht nur im Ausnahmefall neues Vertrauen in kommunale Politik schaffen.

KATRIN MÜNCH

Sie bezeichnet sich selbst als Sächsin im Herzen. Der Wirkungsbereich der FDP-Politikerin reicht jedoch weit über ihren Landkreis Mittelsachsen hinaus. Als Beisitzerin im Bundesvorstand der LiSL Deutschland e. V., der liberalen Vorfeldorganisation für Personen mit LSBTIQ-Hintergrund, ist sie deutschland- und europaweit unterwegs. Mit dabei: ihr grüner Noppenball. Auf ihrem Instagram-Account gibt sie regelmäßig Einblicke in ihren Alltag als Asperger-Autistin in der Politik. 2024 wurde sie als
einzige Frau von der Organisation »Brand
New Bundestag« in der Kategorie »Poli-
tical Voices« nominiert.

Foto: privat

ALS WEIBLICHE AUTISTIN IN DER POLITIK

Als Asperger-Autistin engagiere ich mich seit Januar 2019 in der FDP. Insbesondere auf meinem offenen Instagram-Kanal zeige ich, dass es lohnt, sich als Autistin in der Politik zu engagieren. Aber natürlich auch, wie schwer Herausforderungen und Tagesabläufe bei einem langen Tag und kurzfristigen Änderungen sein können.

Bevor ich dazu komme, wie ich in die Politik gekommen bin und was ich bewegen möchte, lassen Sie mich noch etwas zu Autismus im Allgemeinen und auch zu weiblichen Autistinnen sagen, da gerade diese Personengruppe unterrepräsentiert wird.

Autismus ist eine komplexe und vielgestaltige neurologische Entwicklungsstörung. Häufig bezeichnet man Autismus bzw. Autismus-Spektrum-Störungen auch als Störungen der Informations- und Wahrnehmungsverarbeitung, die sich auf die Entwicklung der sozialen Interaktion, der Kommunikation und des Verhaltensrepertoires auswirken. In der aktuellen ICD-10-Codierung, den Diagnosekriterien der Weltgesundheitsorganisation (WHO), wird Autismus unter F 84 als medizinische Diagnosen definiert. Es wird zwischen »Frühkindlicher Autismus« (F 84.0), »Asperger-Syndrom« (F 84.5) und »Atypischer Autismus« (F 84.1) unterschieden. Die Unterscheidung fällt in der Praxis jedoch immer schwerer, da zunehmend leichtere Formen der einzelnen Störungsbilder diagnostiziert werden. Daher wird heute und bei Einführung der ICD-11-Codierung der Begriff der »Autismus-Spektrum-Störung« (ASS) als Oberbegriff für das gesamte Spektrum autistischer Störungen häufig verwendet. Auch wird heute der Begriff »Asperger-Autismus/-Syndrom« zunehmend kritisch gesehen, da die Rolle Hans Aspergers als Entdecker der

Störung im Nationalsozialismus nicht hinreichend geklärt ist. Für mich persönlich ist es zum Obergriff Autismus-Spektrum-Störung eine bessere Differenzierung.

Die Unterrepräsentation von Frauen mit Autismus in der Gesellschaft und im öffentlichen Leben kann auf mehrere Faktoren zurückgeführt werden. Einer davon ist die Tatsache, dass Autismus bei Frauen oft anders diagnostiziert wird als bei Männern. Viele gängige Diagnosekriterien wurden primär an Männern untersucht, was dazu führen kann, dass Frauen mit Autismus übersehen oder falsch diagnostiziert werden. Darüber hinaus zeigen Frauen oft andere Symptome oder Bewältigungsstrategien als Männer, was zu einer mangelnden Anerkennung ihrer Bedürfnisse führen kann. In der Folge können Frauen mit Autismus weniger wahrscheinlich angemessene Unterstützung und Ressourcen erhalten. Soziale Normen und Stereotype über Geschlechterrollen können auch eine Rolle spielen, indem sie Frauen mit Autismus dazu bringen, sich anzupassen oder ihre Symptome zu verbergen, was wiederum zu einer geringeren Sichtbarkeit führt. Es gibt jedoch eine wachsende Anerkennung dieser Problematik und Bemühungen, die Sensibilisierung zu erhöhen und die Unterstützung für Frauen mit Autismus zu verbessern. Es gibt Organisationen und Initiativen, die sich speziell auf die Bedürfnisse von Frauen und Mädchen mit Autismus konzentrieren, um ihre Stimmen zu stärken und ihre Teilhabe an der Gesellschaft zu fördern. Dazu gehören Social-Media-Kanäle auf Instagram, aber auch die der Autismus-Beratungsstelle Move gGmbH in Schwarzenberg.

Jeder Mensch mit Autismus ist einzigartig und hat unterschiedliche Erfahrungen und Bedürfnisse. Eine unterstützende Umgebung, in der Vielfalt geschätzt und Inklusion gefördert wird, kann entscheidend sein, um Menschen und Frauen mit Autismus dabei zu helfen, ihr volles Potenzial zu entfalten und ein erfülltes Leben zu führen. Diese Inklusion brauchen wir auch in der Politik.

Meine Interessenbekundung an Politik begann 1998, als ich 16 Jahre jung und sehr enttäuscht war, dass ich zur Bundestagswahl und auch zu den nachfolgenden Wahlen 1999 (u. a. Landtagswahl in Sachsen) nicht wählen durfte. Umso glücklicher war ich, als ich dann 2002 mitwählen durfte. Zu dieser Zeit begann auch der Siegeszug des Internets, sodass es relativ einfach war, sich zu informieren. Was habe ich mir wochenlang die Abende und Nächte um die Ohren gehauen, um Wahlprogramme der großen Parteien, die damals im Bundestag saßen, komplett zu lesen. Mehrfach habe ich den Wahl-O-Mat ausprobiert, der erstmalig zur Bundestagswahl 2002 programmiert wurde. Auch wenn ich die Gewichtung mal hier und dort anders verteilt habe, so kam ich doch immer wieder auf das gleiche Ergebnis: FDP.

Freiheit, Selbstbestimmung, nur wenige Eingriffe durch den Staat und Vorankommen durch eigene Leistung: Moment, das kam mir doch bekannt vor. Ja, natürlich. 1989 – Fall der Berliner Mauer und der Untergang der DDR. Mit 7 Jahren begriff ich noch nicht, was das alles zu bedeuten hatte. Aber in wem löst das bis heute rückblickend kein Gänsehaut-Feeling aus, als Hans-Dietrich Genscher am 30. September auf dem Balkon in der Deutschen Botschaft in Prag den Menschen zurief: »Heute ist Ihre Ausreise …«, und als Günter Schabowski am 9. November in Berlin die Grenzöffnung und unkomplizierte Ausreise erwähnte? Auch ahnte ich im Dezember 1989 nicht, was es bedeutete, mit dem Zug ins oberfränkische Hof zu fahren. Ich bettelte meine Mutter an, mit uns Kindern auch mal in den »Westen« zu fahren. Aber vielleicht wollte ich nur eine lange Strecke mit dem Zug fahren.

Ich fand es damals und auch heute noch faszinierend, wie locker man als Partei und Politiker drauf sein konnte (Stichwort: 18+X und »Guido-Mobil« zur Wahl 2002, Walter Scheel in den bundesdeutschen Charts 1974 mit »Hoch auf dem gelben Wagen«), aber auch, wie staatsmännisch man u. a. als Bundesminister des Auswärtigen sein konnte. Seitdem bin ich nun FDP-Wählerin. Auch Christian Lindner empfinde ich mit einer rhetorischen Fähigkeit, weit mehr als eine Stunde frei zu reden bzw. bei Störern seine Rede zu unterbrechen, um diese dann fortzusetzen, als eines meiner Vorbilder.

Nach der Trennung Ende 2013 von meiner damaligen Lebensabschnittsgefährtin suchte ich mir ein neues Betätigungsfeld und fand es in der Mithilfe bei Wahlen – erst als Beisitzerin im Wahlvorstand und später als Schriftführerin.

Dennoch fühlte ich mich auch nach meinem Befund »Transsexuell/Transidentität« 2005 nach wie vor unsicher, woraufhin ich 2016 auf eine Diagnostik bezüglich Autismus bat. Im ersten Moment riss es mir den Boden unter den Füßen weg, als die Diagnostik meinen eigenen Verdacht bestätigte, so sehr, dass ich die Diagnose nicht schriftlich haben wollte. War es ein tatsächlich ein weiterer Grund für meine »Andersartigkeit«? Ein weiteres Mal begann ich, mich mit meinem eigenen Ich auseinanderzusetzen. Da begriff ich, dass man auch Stärken und auch Vorteile aus der Diagnose ziehen konnte und ließ sie mir endlich nach zwei Jahren auch schriftlich geben. Um es vorwegzunehmen: Ich bin nicht die klassische Asperger-Autistin. Um sie einer ordentlichen ICD-10-Codierung zuführen zu können, haben wir uns auf Asperger-Autismus geeinigt, da die meisten Anteile meiner Diagnose dem Asperger-Syndrom entsprechen.

Unter Mithilfe der Move gGmbH in Schwarzenberg in Form einer Psychotherapie, eines Sozialen Kompetenztrainings und Ergotherapie überlegten und suchten wir gemeinsam ein Betätigungsfeld für mich, insbesondere im Umgang und Kontakt zu anderen Personen. Vor dem Hintergrund des rasanten Aufstiegs der AfD sowie weiterer rechtsextremistischer Kleinstparteien trat ich im Januar 2019 in die FDP ein. Denn nur meckern und nichts tun, das war auch nicht mein Fall. Es war eine sehr große Umstellung, allein als Autistin zu einer FDP-Veranstaltung zu gehen. Für mich ist es fast nicht möglich, ins Fußballstadion oder zu einem Konzert zu gehen. Eine Ausnahme: Der Fußball-Drittligist Arminia Bielefeld hat eine eigene VIP-Lounge für Autist*innen mit Liege, gedämpften Licht und Musik und einem Wasserspiel. Denn vielfach können ich und andere Autist*innen nicht unterscheiden, welche Informationen in der Sekunde nun wichtig und welche unwichtig sind. Wir verarbeiten alltägliche Reize wie Wärme, Licht, Gerüche und Geräusche anders als nicht-autistische Menschen. Oft nennt man das sensorische Integrationsschwierigkeiten oder auch sensorische Empfindlichkeiten. Schon kleine Abweichungen in der Wahrnehmungsverarbeitung können dazu führen, dass mein Gehirn mit Reizen überflutet wird, Schwierigkeiten hat, sie angemessen zu sortieren oder zu verstehen. Also probierte ich es zunächst als stilles Mitglied aus, mit der Möglichkeit, notfalls auch wieder auszutreten, wenn es doch nicht passen sollte. Denn Freiheit und Selbstbestimmung sind mir als von Inklusion Betroffene sehr wichtig – und keine andere Partei steht mehr für diese Themen als die FDP.

Dank des Vertrauens der Führungsmannschaft der FDP Mittelsachsen wurde ich nach einer Bedenkzeit und dem Wurf ins kalte Wasser als Wahlkampfleiterin der FDP in Mittelsachsen zur Bundestagswahl 2021 bestimmt. Natürlich hatte ich Bedenken, dass ich wie immer etwas falsch machen könnte. Aber diese Sorgen erwiesen sich als unbegründet. Alles ging sehr erfolgreich aus und ich konnte mein Organisationstalent im Hintergrund unter Beweis stellen. Ich machte meine Sache wohl so gut, und auch weil die Leute genug von der alten Regierung hatten, zog »meine« FDP wieder in den Bundestag ein und ebenso »mein« Kandidat Philipp Hartewig. So wurde ich gefragt, ob ich nicht im Kreisvorstand mitmachen wolle. Damit begann mein rasanter Aufstieg in der FDP und deren Vorfeldorganisationen: Im November 2022 kam ich als Nachrückerin und Beisitzerin in den Landesvorstand der FDP Sachsen, im Februar 2023 als stellvertretende Landesvorsitzende der Liberalen Schwulen, Lesben, Bi, Trans & Queer (LiSL) Mitteldeutschland, im November 2023 Wiederwahl als Beisitzerin in den Landesvorstand der FDP Sachsen und wurde als Beisitzerin in den Bundesvorstand der LiSL Deutschland gewählt. Als Kandidatin zur Europawahl 2024 trat ich auf Platz 92 der Bundesliste und als Spitzenkandidatin im Wahlkreis 7 zur Kreistagswahl Mittelsachsen an.

Jedoch sei es mit den Worten des Bundestagsabgeordneten Philipp Hartewig erwähnt, dass Freiheit und Verantwortung zwei Seiten der gleichen Medaille sind. Aber ich bin nicht in die FDP eingetreten, weil ich eine/n bestimmte/n Vorsitzende/n oder eine bestimmte Regierungskoalition so großartig fand, sondern weil ich aus persönlicher Überzeugung an freiheitliche Werte glaube und dafür kämpfe, sie in unserer Gesellschaft durchzusetzen. Regelmäßig überprüfe ich mit dem Wahl-O-Mat, ob mein politischer Kompass noch mit dem der FDP übereinstimmt. Auch ich bin nicht mit allem, was die FDP beschließt, zufrieden und einverstanden. Trotzdem sagt mein Anstand, für diesen oder anderen Beschluss hat sich eine andere Mehrheit gefunden, und ich verteidige ihn in der Außenwirksamkeit.

Es gelingt mir, eine Art Maske aufzusetzen, um auch nicht mit meinen Einschränkungen aufzufallen. Dabei helfen mir neben einem kleinen grünen Noppenball auch andere Dinge, an denen ich mich festhalten kann, z.B. Stifte. Diese Dinge geben mir Sicherheit und Kraft, ich kann an ihnen die vielen Reize bei Parteitagen ableiten. Indem ich Verantwortung übernahm, man mir Vertrauen entgegenbrachte und ich selbst Vertrauen hatte, wurde ich selbstbewusster und selbstsicherer, und vernetzte mich national und sogar international. Auch durch Aufklärung in persönlichen Gesprächen und in den sozialen Medien fand ich meine Unterstützer*innen. Und durch das Reisen konnte ich sehen, wie denn eigentlich der Liberalismus in anderen Ländern gelebt wird.

Aber wie könnte denn inklusive Politik nun konkret aussehen? Zunächst bezieht sich inklusive Politik auf politische Maßnahmen und Strategien, die darauf abzielen, die Teilhabe und Gleichberechtigung aller Menschen in der Gesellschaft sicherzustellen, unabhängig von ihren individuellen Merkmalen oder Hintergründen. Das Ziel besteht darin, eine Gesellschaft zu schaffen, in der jeder Mensch gleiche Chancen hat, sein volles Potenzial zu entfalten und an allen Aspekten des öffentlichen Lebens teilzunehmen. Eine inklusive Politik kann verschiedene Bereiche abdecken, darunter Bildung, Beschäftigung, Gesundheitswesen, Wohnen, Transport und kulturelle Teilhabe.

Als Politikerin, die selbst von Inklusion betroffen ist, kann ich eine einzigartige Perspektive und eine tiefgreifende Sensibilität für die Bedürfnisse und Herausforderungen von Menschen mit ähnlichen Erfahrungen einbringen. Mittlerweile versuche und nutze ich meine Position auch, um die Stimmen von Menschen mit ähnlichen Erfahrungen zu stärken, und setze mich für ihre Anliegen und Rechte ein, indem ich auch meine Perspektiven und Bedürfnisse in politische Diskussionen und Entscheidungsprozesse einbringe. Mit dem Büro der Europaabgeordneten Svenja Hahn bin ich aktiv im Austausch zur Einführung des Europäischen Schwerbehindertenausweises. Ebenso tausche ich mich mit Fiona Fiedler aus dem Österreichischen Nationalrat aus, um die Inklusion und Gleichberechtigung aller Menschen zu fördern. Das Europäische Parlament hat in seiner Sitzung am 24. April 2024 mit überwältigender Mehrheit der Einführung der European Disability Card und der European Parking Card zugestimmt. Die Mitgliedsstaaten haben nun für die Anpassung ihrer nationalen Rechtsvorschriften 2,5 Jahre und für die Anwendung der Richtlinie 3,5 Jahre Zeit. Ich hoffe sehr, dass die Abgeordneten des Deutschen Bundestags nicht so lange zur Anpassung benötigen und in großer Einigkeit eine schnellere Umsetzung in nationales Recht behandeln. Deutschlands Vorbild ist hier dabei Belgien, das beide Ausweise zum 01. Januar 2024 eingeführt hat. Auch bei anderen Themen wie ÖPNV und inklusiven LSBTIQ-Personen stehe ich mit Projekten und Personen im Erfahrungsaustausch.

Die Wichtigkeit von Vertrauen für den Erfolg in Unternehmen, Institutionen, aber auch in Parteien ist zunehmend anerkannt. Deshalb haben wir als bundesweit erste Partei in der FDP im April 2019 den »Code of Conduct« eingeführt, der den Umgang miteinander definiert. In den Verhaltensweisen ist klar geregelt, dass Respekt, Toleranz, Chancengerechtigkeit, Gleichbehandlung, Fairness und Verantwortung füreinander sowie eine Dialogfähigkeit eine große Rolle spielen. Im Landesvorstand der FDP Sachsen leben wir dies vor. Im internen Kreis darf sich gern unter Einhaltung dieser Spielregeln auch die Meinung gesagt werden, aber nach außen treten wir als geschlossene Einheit auf, verbunden mit einer großen Portion Optimismus. Denn auch wir insgesamt haben eine Verantwortung für unsere Basismitglieder.

Was ich als liberale Person aber nicht möchte, sind spezielle Quoten. Auch möchte ich nicht als Quotenfrau gesehen werden, weil ich es aus Vertrauen und überzeugender Ehrenamtstätigkeit weit nach vorne geschafft habe. Auch wenn man als Landtags-, Bundestags- oder Europaabgeordnete weitaus mehr erreichen kann, habe ich festgestellt, dass ich eher das Organisationstalent im Hintergrund bin. Diese Personen sind vielmals so wichtig wie die/der Abgeordnete selbst.

Eine inklusivere Politik kann dazu beitragen, die Bedürfnisse einer vielfältigen Bevölkerung besser zu repräsentieren, indem sie sicherstellt, dass alle Menschen gleichermaßen Zugang zu Ressourcen, Chancen und politischer Teilhabe haben.

Inklusive Politik bedeutet, alle Bevölkerungsgruppen aktiv in politische Entscheidungsprozesse einzubeziehen. Dies umfasst insbesondere Gruppen, die traditionell unterrepräsentiert oder marginalisiert sind, wie beispielsweise Menschen mit Behinderungen, ethnische Minderheiten, LGBTQ+-Personen oder auch Menschen mit niedrigem Einkommen. Durch Konsultationen, öffentliche Anhörungen und Beteiligungsmechanismen können Politiker*innen sicherstellen, dass die Interessen und Perspektiven dieser Gruppen angemessen berücksichtigt werden.

Indem politische Entscheidungsträger und Institutionen diese Grundsätze der inklusiven Politik anerkennen und umsetzen, können sie dazu beitragen, dass die Bedürfnisse einer vielfältigen Bevölkerung besser repräsentiert und berücksichtigt werden. Dies kann zu einer gerechteren und inklusiveren Gesellschaft führen, in der alle Menschen gleiche Chancen haben, ihr volles Potenzial zu entfalten.

Die Schaffung inklusiver politischer Strukturen und Prozesse ist entscheidend, um die Teilhabe auch von Autist*innen in der Politik zu erleichtern.

Politische Entscheidungsträger und Mitarbeiter sollten über Autismus informiert werden und Sensibilisierungsschulungen erhalten, um ein Verständnis für die Bedürfnisse und Herausforderungen von Autist*innen zu entwickeln. Dies kann dazu beitragen, Vorurteile abzubauen und ein unterstützendes Umfeld zu schaffen. Politische Strukturen und Prozesse sollten flexibel gestaltet werden, um den individuellen Bedürfnissen von Autist*innen gerecht zu werden. Dies könnte die Möglichkeit zur individuellen Anpassung von Arbeitszeiten, Kommunikationsstilen, künstliche Intelligenz und Arbeitsumgebungen umfassen. Autist*innen sollten aktiv in politische Entscheidungsprozesse einbezogen werden und die Möglichkeit haben, ihre Perspektiven und Anliegen einzubringen. Jedoch ist wichtig zu wissen, wie weiter vorne/oben erwähnt, dass die Auswirkungen und Einschränkungen von Autismus bei jeder Person unterschiedlich sein, sodass es eben kein Patentrezept für von Autismus Betroffene geben kann und wahrscheinlich auch nicht geben wird.

Auch die Landesvorsitzende der FDP Sachsen, Dr. Anita Maaß, und der komplette Landesvorstand mussten lernen, wie konkret sie mit mir umgehen können. Egal in welcher beruflichen und/oder ehrenamtlichen Tätigkeit ich mich befinde, ist es mir persönlich wichtig, dass kurz, knapp und präzise gesprochen wird. Für Außenstehende mag das erst einmal wie ein Befehlston klingen und Ratlosigkeit hervorrufen. Auch wenn ich nicht in den Kreistag von Mittelsachsen gewählt worden bin, musste ich mich dennoch schnell als kommissarische Kreisvorsitzende der FDP Mittelsachsen (Stand Juli 2024) daran gewöhnen, dass andere alles ausdiskutieren wollen. Innerlich ärgert es mich schwer und ich versuche mir äußerlich nichts anmerken zu lassen. Sollte es dennoch in eine andere Richtung kippen, beende ich die Diskussion unter dem Punkt: »Wir haben eine unterschiedliche, liberale Meinung und kommen aktuell nicht weiter. Lasst uns eine Nacht darüber schlafen und das Thema zu einem späteren Zeitpunkt noch einmal besprechen. Wenn wir dafür keine Zeit haben, stimmen wir über das Thema ab und die Mehrheitsmeinung gewinnt.«

Meine Therapeutin findet es gut, wie behutsam ich an die neue Aufgabe herangegangen bin und nicht auf einmal alles erreichen wollte. Vor zehn Jahren hätte ich jeder Person den imaginären Vogel gezeigt, wenn sie mir gesagt hätte, dass ich weit vorne an der Spitze eines politischen Landesverbands stehen werde.

Ich kann heute sagen, dass meine Inklusion mit viel Kraft und Überzeugungsarbeit als gelungen gilt. Gemäß dem Motto der Freien Demokraten »Vorankommen durch eigene Leistung« habe ich für mich persönlich eine Nische gefunden, sei es in der beruflichen Arbeitswelt oder auf dem politischen Spielfeld. Als liberale

Politikerin mit einem inklusiven Hintergrund habe ich die einzigartige Gelegenheit, nicht nur politische Veränderungen herbeizuführen, sondern auch als Vorbild und Fürsprecherin für diejenigen zu dienen, die ähnliche Voraussetzungen und Ziele haben wie ich. Meine persönliche Geschichte und meine Erfahrungen können und sollen auch eine inspirierende Quelle der Hoffnung und des Wandels sein.

Häufig werde ich gefragt, wie ich all dies schaffe. Meine Antwort ist dann immer: Neugierde ist größer als die Angst. Auch wenn dies manchmal das eine oder andere Stückchen mehr an Kraft bedeutet. Aber mit viel Überzeugungsarbeit und Vertrauen, das ich in andere Personen gesetzt und auch zurückerhalten habe, konnte ich mit meiner Unbekümmertheit als Autistin und vielleicht auch mit etwas zu viel Naivität viele Zielen erreichen, die vorher undenkbar und mit Selbstzweifeln behaftet waren.

TESSA GANSERER

Tessa Ganserer, geboren 1977 in Zwiesel, ist studierte Försterin und seit 2021 Abgeordnete im Deutschen Bundestag. Sie ist Mitglied im Ausschuss für Umwelt, Naturschutz und Verbraucherschutz und Berichterstatterin für Bodenschutz, Immissionsschutz und Wald. Zudem arbeitet sie im Parlamentarischen Beirat für nach-

haltige Entwicklung. Als stellvertretendes Mitglied im Gesundheitsausschuss setzt sie sich für die Gesundheitsversorgung queerer Menschen ein. Gemeinsam mit Nyke Slawik ist sie eine der ersten trans Frauen im Bundestag.

Foto: Stefan Kaminski

»WAS DIE RECHTE VON TRANS- GESCHLECHTLICHEN MENSCHEN ANGEHT, HAT DEUTSCHLAND NOCH NACHHOLBEDARF«

Tessa Ganserer setzt sich unermüdlich für die Rechte marginalisierter Gruppen und den Schutz der Umwelt ein. Im Interview spricht sie über die Herausforderungen, die mit der zunehmenden gesellschaftlichen Spaltung einhergehen, den Fortschritt durch das Selbstbestimmungsgesetz und ihre persönlichen Beweggründe, politisch aktiv zu sein. Sie zeigt auf, wie demokratische Kräfte gestärkt werden können und was es braucht, um Diskriminierung nachhaltig abzubauen. Ein inspirierender Einblick in die Politik und ein Appell für eine solidarische Gesellschaft.

Unser letztes Gespräch fand kurz nach der Europawahl und den Kommunalwahlen statt. Damals haben wir über die Bedeutung dieser Wahlergebnisse gesprochen, insbesondere im Hinblick auf die beunruhigende Zunahme an Stimmen für die AfD. Ich würde gern wissen, wie Sie die politische Lage und deren potenzielle Auswirkungen jetzt beurteilen.

Auch jetzt bleibt die Zunahme des politischen Erfolgs der AfD und anderer rechtspopulistischer Parteien besorgniserregend. Diese Entwicklung ist kein rein deutsches Phänomen, sondern Ausdruck einer größeren Tendenz in Europa, in der wir ein Erstarken rechtspopulistischer und teilweise auch rechtsextremer Parteien beobachten. Es ist offensichtlich, dass Deutschland nicht von diesen Strömungen verschont bleibt, aber es ist auch wichtig zu sehen, dass andere europäische Länder, wie etwa Frankreich und Großbritannien, auch gegen diese Tendenzen ankämpfen und demokratische Kräfte an Einfluss gewinnen. Die Labour Party konnte zum Beispiel in Großbritannien nach Jahren populistischer Politik Boden gutmachen. Das gibt Hoffnung und zeigt, dass sich die demokratischen Kräfte nicht von diesen Entwicklungen einschüchtern lassen. Wenn wir den demokratischen Zusammenhalt stärken und entschlossen auf demokratische Werte setzen, können wir die wachsenden rechtsextremen Strömungen entschlossen zurückdrängen.

Welche Auswirkungen wird dieses europäische Wahlergebnis konkret auf die Grünen und ihre Themen haben?

Die Auswirkungen lassen sich aktuell schwer vorhersagen, aber gerade in der Umweltpolitik wird es spannend zu beobachten sein, ob die konservativen Kräfte in Brüssel den eingeschlagenen Kurs fortsetzen oder nicht. Der Green Deal, das Ziel von Zero Emission und die ambitionierten Schritte hin zu einer schadstofffreien Umwelt sind zentrale Projekte. Auch das Lieferkettengesetz spielt dabei eine wichtige Rolle, da es europäische Unternehmen dazu verpflichtet, bestimmte ökologische, soziale und menschenrechtliche Standards in ihren Lieferketten einzuhalten. Das Gesetz wurde zwar verwässert, bleibt aber trotzdem ein enormer Schritt in die richtige Richtung, weil es Unternehmen zum Handeln verpflichtet und gleichzeitig den Konsumenten die Möglichkeit gibt, bewusstere Entscheidungen zu treffen. Solche Maßnahmen sind unverzichtbar, um soziale und ökologische Standards zu wahren und unser Wirtschaften nachhaltiger und gerechter zu gestalten.

In gesellschaftspolitischen Fragen wird es ebenfalls darum gehen, den eingeschlagenen Weg nicht zu verlassen, insbesondere in

Bezug auf die Menschenrechte. Die deutsche Ampel-Regierung hat zum Beispiel mit dem Selbstbestimmungsgesetz einen wesentlichen Schritt gemacht, um die Rechte von transgeschlechtlichen Menschen zu stärken. Dieser Schritt war lange überfällig. Es ist bedeutsam, dass wir auch in Zukunft nicht nachlassen und solche Fortschritte sichern. Deutschland hat hier durchaus Nachholbedarf, denn während andere europäische Länder sich in diesen Fragen bereits viel früher positioniert haben, hinkte Deutschland lange hinterher.

Warum hinkt Deutschland Ihrer Meinung nach in diesen Fragen hinterher? Ist das typisch für Deutschland, so ein »Nachzügler« in gesellschaftspolitischen Themen zu sein?

Das möchte ich nicht pauschalisieren, aber es stimmt, dass wir hier in Deutschland oft eine zögerliche Haltung einnehmen, speziell in gesellschaftspolitischen Fragen. Dieser Stillstand ist unter der unionsgeführten Bundesregierung verstärkt worden – es gab 16 Jahre lang keine wesentlichen Fortschritte in diesen Bereichen. In anderen Ländern gab es im Vergleich viel früher gesetzliche Regelungen zur Stärkung der Rechte von queeren Menschen und Maßnahmen für mehr Gleichberechtigung. Dies zeigt, dass der politische Wille ein entscheidender Faktor ist, und dieser Wille war in Deutschland lange blockiert. Deutschland hat auch eine Geschichte, in der Veränderungen in gesellschaftlichen Fragen oft erst dann auf den Weg gebracht werden, wenn der Druck groß genug ist – sei es durch Bewegungen in der Zivilgesellschaft oder durch den Druck internationaler Organisationen. Das bedeutet aber nicht, dass Deutschland grundsätzlich immer »hinterherhinkt«, doch es zeigt, wie entscheidend der politische Wille ist.

Würden Sie das Selbstbestimmungsgesetz als einen Ihrer wichtigsten Erfolge sehen?

Ohne Zweifel ist das Selbstbestimmungsgesetz einer der wichtigsten Gründe, warum ich überhaupt für den Bundestag kandidiert habe. Am Ende der letzten Legislaturperiode war klar, dass es hier unter der Großen Koalition keinerlei Fortschritte geben würde. Das Transsexuellengesetz, das seit über 40 Jahren besteht, ist schlichtweg entwürdigend. Es zwingt transgeschlechtliche Menschen dazu, sich Gutachten über ihre Identität ausstellen zu lassen, die tief in ihre Persönlichkeit eingreifen. Solche Praktiken sind nicht nur diskriminierend, sondern greifen auch in die grundgesetzlich geschützten Persönlichkeitsrechte ein. Es war dringend notwendig, dieses Gesetz zu ändern. Das Selbstbestimmungsgesetz stellt einen Meilenstein dar, weil es zum ersten Mal eine Regierung gibt, die transgeschlechtliche Menschen in ihren Grundrechten schützt und diese entwürdigenden Zwangsbegutachtungen abschafft. Für mich ist das nicht nur politisch, sondern auch persönlich ein bedeutender Erfolg. Es ist ein Zeichen dafür, dass die Rechte und die Würde aller Menschen geachtet werden und dass wir als Gesellschaft bereit sind, Schritte in Richtung Gleichberechtigung zu gehen.

Sind Sie mit dem Selbstbestimmungsgesetz in seiner jetzigen Form zufrieden?

Das Gesetz ist definitiv ein Fortschritt, aber es gibt noch Punkte, die verbessert werden könnten. Die Sprache im Gesetzestext und in der Begründung lässt an einigen Stellen immer noch ein gewisses Misstrauen gegenüber transgeschlechtlichen Menschen erkennen. Diese Formulierungen tragen nicht dazu bei, eine Gesellschaft der Gleichberechtigung zu fördern. Dennoch haben wir als Grüne im

Gesetzgebungsverfahren einige bedeutende Änderungen erreicht. Der ursprüngliche Entwurf der Bundesregierung wurde substanziell verbessert, sodass ich ihm zustimmen konnte. Es bleiben jedoch Aspekte, die mich unzufrieden lassen, und ich denke, diese Punkte werden in den nächsten Jahren sicherlich weiter diskutiert.

Wird es Möglichkeiten zur Nachbesserung geben?

In dieser Legislaturperiode wird das wahrscheinlich schwierig, aber es ist vorgesehen, das Gesetz in einigen Jahren zu evaluieren. Ein Punkt, der mir besonders am Herzen liegt, ist die Drei-Monats-Frist. Aktuell muss nach der Anmeldung zur Personenstandsänderung eine Frist von drei Monaten vergehen, bevor die Erklärung endgültig wirksam wird. Diese Frist ist eine unnötige bürokratische Hürde und dient keinem praktischen Zweck. Dennoch ist das Gesetz in seiner jetzigen Form ein entscheidender Meilenstein, da es die gesetzliche Pathologisierung und Zwangsbegutachtung von transgeschlechtlichen Menschen endlich beendet. Das hat auch Auswirkungen auf die Gesellschaft, denn gesetzliche Regelungen beeinflussen die gesellschaftliche Wahrnehmung. Ähnlich wie die Entpathologisierung von Homosexualität 1990 ist dies ein wichtiger Schritt, um gesellschaftliche Vorurteile abzubauen. Leider zeigt sich in Studien, dass solche Vorurteile noch tief verankert sind, und es wird Zeit brauchen, bis sich diese Wahrnehmungen ändern.

Gibt es Ihrer Meinung nach eine zunehmende Gewaltbereitschaft gegenüber LGBTQ-Personen, trotz gesellschaftlicher Fortschritte wie dem Selbstbestimmungsgesetz?

Ja, wir beobachten eine gewisse Gleichzeitigkeit: Auf der einen Seite wächst die gesellschaftliche Akzeptanz für queere Menschen, und es gibt wichtige gesetzliche Fortschritte. Auf der anderen Seite erleben wir jedoch, dass rechtspopulistische und extremistische Gruppen eine regelrechte Gegenbewegung initiieren. Dies ist ein weltweites Phänomen. Es gibt erhebliche finanzielle Unterstützung für Anti-gender-Kampagnen aus Ländern wie den USA und Russland, die gezielt den gesellschaftlichen Zusammenhalt schwächen und die Rechte von Frauen und queeren Menschen angreifen. Diese Kampagnen schüren gezielt Ängste und Hass, was sich besonders in sozialen Medien zeigt. Aber leider bleibt es nicht nur in den sozialen Medien – der Hass überschwappt zunehmend auf die Straße und führt zu realen Bedrohungen für Menschen aus der LGBTQ-Community. Diese Entwicklungen dürfen wir als Gesellschaft nicht zulassen. Der Rechtsstaat ist hier gefordert, konsequent gegen solche Hass- und Hetzkampagnen vorzugehen und an der Seite der Betroffenen zu stehen. Es geht hier um den Schutz grundlegender gesellschaftlicher Werte und um die Wahrung der Sicherheit für alle.

Sie haben gerade angesprochen, dass diese Probleme viele Gruppen betreffen. Gibt es Möglichkeiten, diese Kräfte zu bündeln und gemeinsam gegen Diskriminierung und Hass vorzugehen?

Die Spaltung der Gesellschaft ist ein erklärtes Ziel von Rechtspopulisten, und sie nutzen jede Gelegenheit, um Gemeinschaften gegeneinander auszuspielen. Es gibt jedoch auch positive Beispiele, wie in Frankreich oder Polen, wo sich gesellschaftliche Mehrheiten gegen solche antidemokratischen Kräfte gebildet haben. Gerade intersektionale Ansätze können uns helfen, die verschiedenen Diskriminierungsformen zu verstehen und gemeinsam dagegen vorzugehen. Frauen, queere Menschen, Menschen mit Migrationshintergrund und viele andere marginalisierte Gruppen machen unterschiedliche, aber oft ähnliche Erfahrungen von Diskriminierung und Ausgrenzung. Das Verständnis dieser Zusammenhänge und der Austausch zwischen den Gruppen können uns helfen, stärker zusammenzustehen und uns gemeinsam für eine gerechtere Gesellschaft einzusetzen. Auch in der queeren Community gibt es beispielsweise immer noch Vorurteile wie Rassismus und Ableismus. Umso wichtiger ist es, dass wir uns nicht auseinanderdividieren lassen und uns solidarisch zeigen.

Wie sehen Sie die Repräsentation von Vielfalt in der Politik und auf den verschiedenen Entscheidungsebenen?

Fehlende Vielfalt betrifft nicht nur die Politik, sondern viele Entscheidungsgremien. In Deutschland ist der Zugang zur Bildung weiterhin stark vom Einkommen und Bildungsgrad der Eltern abhängig. Dies führt dazu, dass bestimmte Gruppen von Anfang an benachteiligt sind. So entsteht ein Teufelskreis, in dem Menschen, die weniger privilegierte Startbedingungen haben, auch später in politischen Gremien und Führungspositionen unterrepräsentiert sind. Gerade bei Themen wie der Geschlechtergerechtigkeit zeigt sich diese Unterrepräsentation deutlich. Es ist nicht so, dass Männer in Entscheidungsgremien zwangsläufig frauenfeindliche Entscheidungen treffen, aber ihre Erfahrungen und Perspektiven sind oft anders. Wenn Entscheidungsgremien nicht repräsentativ besetzt sind, werden Themen, die spezifische Lebenserfahrungen betreffen, oft nicht genügend berücksichtigt. Repräsentative Gremien, die die Vielfalt der Gesellschaft widerspiegeln, treffen Entscheidungen, die der Gesamtheit der Gesellschaft zugutekommen.

Sehen Sie bei der Geschlechtergerechtigkeit in Deutschland Fortschritte?

Es gibt durchaus Fortschritte, aber oft bleibt es bei theoretischen Zielen. Gerade bei Themen wie der Mobilität zeigt sich, dass Frauen andere Bedürfnisse und Anforderungen haben als Männer, die in der Verkehrsplanung oft nicht berücksichtigt werden. Studien aus Österreich zeigen zum Beispiel, dass Frauen weniger Zugang zu PKWs haben, besonders im ländlichen Raum, und häufiger auf den öffentlichen Nahverkehr angewiesen sind. Diese Mobilitätsfragen hängen oft mit den traditionellen Geschlechterrollen zusammen, in denen Frauen nach wie vor den Großteil der Sorgearbeit übernehmen. Frauen haben daher andere Mobilitätsbedürfnisse und sind häufiger mit strukturellen Hürden konfrontiert. Fehlende Kinderbetreuung und finanzielle Zwänge führen oft dazu, dass Frauen länger zuhause bleiben und ihre Berufstätigkeit einschränken müssen. Hier besteht also weiterhin Handlungsbedarf.

Ein Thema, das immer wieder diskutiert wird, ist die sogenannte »Identitätspolitik«. Wie stehen Sie zu diesem Begriff und seiner Bedeutung?

Der Begriff »Identitätspolitik« wird oft negativ dargestellt und lenkt meiner Meinung nach vom Wesentlichen ab. Es geht bei diesen Themen um fundamentale Grundrechte wie Geschlechtergerechtigkeit, das Recht auf freie Entfaltung der Persönlichkeit und das Recht auf körperliche Unversehrtheit. Diese Rechte sind in unserer Verfassung verankert und stehen jedem Menschen zu. Die Reduktion dieser Themen auf »Identitätspolitik« verkennt den eigentlichen Kern der Debatte, denn es geht hier um die Wahrung grundlegender Rechte für alle. Wenn ein Mensch in seinen Grundrechten benachteiligt wird, ist das eine Menschenrechtsverletzung – und die betrifft nicht nur die Einzelnen, sondern die Gesellschaft als Ganzes. Der Begriff »Identitätspolitik« lenkt davon ab und wird oft verwendet, um berechtigte Anliegen zu delegitimieren. Stattdessen sollten wir diese Themen als universelle Menschenrechte betrachten, die für uns alle Gültigkeit haben.

Wenn wir das Thema Identitätspolitik weiterdenken, würden Sie sagen, dass es besonders wichtig ist, dass Erfahrungen und Identitäten im politischen Diskurs Raum bekommen, oder sollte man das Thema eher nicht so stark gewichten?

Identität spielt definitiv eine Rolle, weil sie Erfahrungen prägt und Perspektiven eröffnet, die andere vielleicht nicht sehen. Das bedeutet jedoch nicht, dass nur jemand mit einer bestimmten Identität zu einem Thema beitragen kann. Es geht vielmehr darum, dass unterschiedliche Perspektiven Gehör finden und Entscheidungen beeinflussen können. In Entscheidungsgremien, in denen unterschiedliche Lebenserfahrungen und Hintergründe vertreten sind, entstehen bessere, ausgewogenere Beschlüsse. Wenn Menschen aus marginalisierten Gruppen aktiv an Entscheidungsprozessen beteiligt werden, hilft das dabei, Vorurteile zu hinterfragen und gerechtere Rahmenbedingungen zu schaffen.

Es geht jedoch nicht um eine ausschließliche Identitätspolitik. Wichtig ist, dass wir eine Gesellschaft gestalten, in der alle Menschen gleiche Rechte und Chancen haben, unabhängig von ihrer Herkunft, ihrem Geschlecht oder anderen Merkmalen. Die Grundwerte der Gleichberechtigung und der Schutz der Menschenwürde stehen im Zentrum, und wenn diese gewahrt werden, profitieren letztlich alle davon.

Das heißt, Sie sehen die Relevanz von Identität, aber es sollte kein ausschließender Faktor sein, richtig?

Genau. Identität ist ein wichtiger Faktor, weil sie die Wahrnehmung und das Verständnis der eigenen Rechte und der Rechte anderer beeinflusst. Doch um eine gute Menschenrechtspolitik zu machen, muss ich nicht unbedingt queer, trans oder jemand mit Migrationshintergrund sein. Vielmehr braucht es eine Offenheit für die Lebenswirklichkeiten anderer Menschen. Eine vielfältige Zusammensetzung in Gremien ist wichtig, weil so eine breitere Perspektive vertreten ist. Aber gute Menschenrechtspolitik basiert auf dem Verständnis und dem Einsatz für die Rechte aller – das ist ein universeller Ansatz.

Sie sprachen vorhin von Empowerment und von der Notwendigkeit, marginalisierte Gruppen zu stärken. Wie könnte die Politik inklusiver gestaltet werden, damit wirklich alle mit den gleichen Chancen starten?

Es ist notwendig, bestehende Diskriminierungen gezielt abzubauen und gleiche Startchancen für alle zu schaffen. Wir haben in Deutschland zwar das Allgemeine Gleichbehandlungsgesetz (AGG) und das Grundgesetz, aber das bedeutet nicht, dass alle Menschen automatisch gleiche Chancen haben. Das AGG schützt etwa nicht davor, dass Menschen wegen ihrer sexuellen Orientierung, ihres Geschlechts oder ihrer Herkunft immer wieder Diskriminierung erfahren.

Benachteiligungen im Berufsleben führen oft dazu, dass marginalisierte Menschen signifikant schlechtere Chancen haben und häufiger von Arbeitslosigkeit bedroht sind. Das kann wiederum zu finanziellen Engpässen und Einschränkungen im Zugang zu Bildung und Gesundheitsversorgung führen. Häufige Diskriminierungserfahrungen und Angst vor erneuten Benachteiligungen belasten die Betroffenen und haben oft auch psychische und gesundheitliche Folgen. So gibt es Studien, die zeigen, dass Menschen aus marginalisierten Gruppen, etwa queere Menschen oder Menschen mit Migrationshintergrund, häufiger an psychischen Belastungen und körperlichen Beschwerden leiden. Auch die Wahrscheinlichkeit, aufgrund von Diskriminierungserfahrungen weniger Ressourcen für gesellschaftliches Engagement zu haben, ist erhöht.

Um diese strukturellen Ungleichheiten zu bekämpfen, müssen wir gezielt Maßnahmen ergreifen. Das bedeutet, mehr Chancengleichheit im Bildungssystem zu schaffen, gleiche Zugangsmöglichkeiten zum Arbeitsmarkt sicherzustellen und dafür zu sorgen, dass Diskriminierung in all ihren Formen konsequent verfolgt wird. Diese Maßnahmen sind die Grundlage dafür, dass jeder Mensch unabhängig von Herkunft und Identität dieselben Möglichkeiten hat, sich in die Gesellschaft einzubringen.

Wie lässt sich das auf die politischen Strukturen übertragen? Welche Schritte wären hier notwendig?

Ein wichtiger Schritt ist, dass Parteien und politische Organisationen sich bewusst werden, wie divers ihre Mitglieder und Führungsebenen tatsächlich sind. Es reicht nicht, nur theoretisch für Vielfalt einzutreten – man muss konkret analysieren, wie repräsentativ die eigenen Gremien tatsächlich besetzt sind. Bündnis 90/Die Grünen haben hier als erste Partei mit einem Vielfalts-Check begonnen und die Frage gestellt, ob unsere Strukturen wirklich die gesamte Gesellschaft abbilden. Dabei zeigte sich, dass es auch innerhalb unserer Partei in bestimmten Bereichen eine Unterrepräsentation gibt. Selbst als Partei, die sich als feministisch definiert und ein Frauenstatut hat, das eine 50-prozentige Beteiligung von Frauen garantiert, haben wir in der Mitgliederverteilung immer noch einen Männerüberhang. Es gibt also noch viel zu tun.

Es braucht eine kontinuierliche Überprüfung und Anpassung der Strukturen, um sicherzustellen, dass alle gesellschaftlichen Gruppen vertreten sind und ihre Perspektiven eingebracht werden. Das bedeutet auch, Menschen aus marginalisierten Gruppen gezielt anzusprechen und zu motivieren, sich politisch zu engagieren. Auch Empowerment-Räume, in denen Menschen ihre Erfahrungen teilen und Unterstützung finden können, sind wichtig, um langfristig politisch erfolgreich zu sein.

Gibt es parteiübergreifende Netzwerke für queere Politiker oder andere marginalisierte Gruppen?

Es gibt vereinzelt solche Netzwerke, aber in Deutschland sind sie noch wenig etabliert, besonders auf kommunaler Ebene. Im Europaparlament gibt es solche Netzwerke schon länger und dort funktionieren sie relativ gut. Auf nationaler Ebene ist es jedoch oft schwierig, da die Zusammenarbeit zwischen den Fraktionen manchmal auch von aktuellen politischen Spannungen beeinflusst wird. Gerade in kleineren Parlamenten oder auf kommunaler Ebene fehlen oft die Strukturen und Ressourcen, um solche Netzwerke dauerhaft zu etablieren. Es gibt also noch Potenzial, diese Strukturen parteiübergreifend zu stärken, damit marginalisierte Gruppen auf allen politischen Ebenen besser vernetzt und vertreten sind.

Inwiefern fühlen Sie sich in Ihrer Arbeit als Abgeordnete vor Diskriminierung geschützt? Oder gibt es hier noch Verbesserungsbedarf?

Innerhalb meiner Partei und Fraktion erfahre ich viel Rückhalt, aber das schützt natürlich nicht vor Anfeindungen und Hass von außen. Gerade in sozialen Medien hat die Verrohung der Sprache zugenommen. Was Politiker heutzutage an hämischen und diffamierenden Kommentaren ausgesetzt sind, ist besorgniserregend. Das betrifft übrigens nicht nur Menschen wie mich, sondern auch viele Frauen und queere Personen in der Politik. Auch Ehrenamtliche, die auf kommunaler Ebene tätig sind, erleben solche Angriffe. Viele müssen ihre Social-Media-Kanäle selbst verwalten und sind dadurch direkt den Beleidigungen und Drohungen ausgesetzt, die tagtäglich eintrudeln. Diese Verrohung und die zunehmende Bedrohung führen dazu, dass sich manche Menschen fragen, ob sie diesen Einsatz noch leisten können und wollen.

Das ist eine besorgniserregende Entwicklung für unsere Demokratie, denn solche Bedrohungen haben Auswirkungen auf die politische Vielfalt und die Bereitschaft, sich zu engagieren. Hier muss der Rechtsstaat konsequent handeln und sicherstellen, dass Hass und Bedrohungen auf sozialen Plattformen nicht toleriert werden. Der Schutz politisch engagierter Menschen ist wichtig für die Demokratie, und es ist notwendig, dass alle, die sich politisch engagieren, sicher und geschützt arbeiten können.

Abseits von diesen Herausforderungen: Was hat Sie damals bewogen, in die Politik zu gehen, und was möchten Sie jungen Menschen auf den Weg geben, die sich für politische Themen interessieren?

Mein Weg in die Politik begann aus einem tiefen Gefühl der Ungeduld heraus. Ich wollte Veränderung sehen, weil mir vieles zu langsam ging. Ich war schon in meiner Jugend politisch interessiert und engagiert, und es hat mich frustriert, dass ich bei der Bundestagswahl 1994 noch nicht wählen durfte, weil ich noch keine 18 Jahre alt war. Damals habe ich oft gesehen, dass Menschen, die ihre Stimmen hätten abgeben können, entweder desinteressiert waren oder ihre Entscheidungen nicht ernst nahmen. Sie beschränkten sich auf oberflächliche Themen oder klagten zwar über die politischen Zustände, machten dann aber nicht von ihrem Wahlrecht Gebrauch. Das erschien mir einfach ungerecht.

Als dann 1998 endlich die Chance auf einen Regierungswechsel bestand und die Möglichkeit einer sozial-ökologischen Transformation in greifbare Nähe rückte, wollte ich meinen Beitrag dazu leisten. Für mich war klar: Ein Kreuz auf dem Wahlzettel zu setzen reicht nicht aus, um wirklich etwas zu verändern. Ich wollte mich aktiv in die politische Arbeit einbringen, und so bin ich schließlich Mitglied bei den Grünen geworden. Nach Jahren der Arbeit auf kommunaler und Landesebene wurde es für mich Zeit, den Schritt in den Bundestag zu wagen. Die Entscheidung, auf Bundesebene aktiv zu werden, fiel, weil ich die Grundrechte von transgeschlechtlichen Menschen gestärkt sehen wollte. Es gab damals keine geoutete transgeschlechtliche Person im Bundestag, und ich war der Meinung, dass sich das ändern musste.

Jungen Menschen möchte ich daher mitgeben, dass sie ihren Beitrag zur politischen Landschaft leisten können, egal ob durch Parteiarbeit, in Verbänden, Gewerkschaften oder in zivilgesellschaftlichen Organisationen. Jede*r Einzelne kann etwas bewegen. Manchmal sind es die kleinen Schritte, die langfristig große Veränderungen erzielen.

Das Interview führte Stefanie Lohaus am 15. Juli 2024.

DOREEN DENSTÄDT

Als erste Schwarze Ministerin in Ostdeutschland trug Doreen Denstädt dazu bei, dass alle Menschen die gleichen Chancen auf Teilhabe nutzen können, sowohl kulturell, gesellschaftlich als auch politisch. Seit Jahrzehnten setzt sie sich für mehr Chancengleichheit und Gerechtigkeit ein.

In Thüringen war sie Ministerin für Migration, Justiz und Verbraucherschutz und Beauftragte gegen Antiziganismus und für das Leben der Sinti*zze und Rom*nja. Als Schwarze Deutsche in einer weißen Dominanzgesellschaft, ist ihr die intersektionale Betrachtung der Themen ein Anliegen. Sie versteht sich hierbei auch als Brückenbauerin für Themen wie Rassismus und eine plurale Gesellschaft.

Foto: Paul-Philipp Braun

FRAUEN IN DER POLITIK: ES IST NIE ZU FRÜH

Frauen in der Politik: Das ist ein weites Feld. Wer es durchwandert, stößt auf Fakten, Visionen, Wünsche und Schicksale. Und wer wie ich darüber schreiben soll, kann die verschiedensten Ansätze dafür wählen.

Manche würden sich wahrscheinlich nüchtern die Zahlen und Daten vornehmen. Denn die sind interessant, allemal. Nehmen wir das Beispiel Deutschland: Im Deutschen Bundestag liegt der Frauenanteil in der aktuellen Wahlperiode (19. Wahlperiode, 2021 bis 2025) mittlerweile bei 35,1 Prozent.[*] Ist das viel? Nun ja: Ruanda, der internationale Spitzenreiter, hat bereits eine Quote von 61,3 Prozent. Deutschland liegt weltweit nur auf dem 47. Platz. Das ist nicht gerade berauschend. Frauen in der Politik – es werden mehr. Doch noch immer sind es viel zu wenig.

Ich könnte natürlich auch die verschiedenen politischen Agenden durchdeklinieren, die Frauen in der Politik verfolgen: gleicher Lohn für gleiche Arbeit, mehr Frauen in die Vorstandsetagen, bessere Vereinbarkeit von Familie und Beruf oder stärkerer Schutz von Frauen vor Gewalt. Das ist alles berechtigt und bietet zugleich reichlich und reichlich interessanten Diskussionsstoff. Aber an dieser Stelle soll das nicht mein Thema sein.

Ich möchte einen anderen Ansatz wählen – einen, der meine persönliche Verbundenheit mit dem Thema, meine eigenen schicksalhaften Erfahrungen damit reflektiert. Warum? Weil die ersten beiden Varianten zum Thema Frauen in der Politik von ande-

---

[*]   Statistisches Bundesamt: Frauen in den Parlamenten: Deutschland mit 35,3 % auf Platz 47, https://www.destatis.de/DE/Themen/Laender-Regionen/Internationales/Thema/allgemeines-regionales/frauenanteil-parlamente.html (zuletzt abgerufen am 16.12.2024).

ren bereits (und wahrscheinlich besser) erzählt wurden. Und weil mir scheint, dass meine Biografie – spätestens seitdem ich Ministerin bin – immer auch von öffentlichem Interesse war: als erste Schwarze Ministerin im Osten. Und völlig falsch ist es sicher nicht zu sagen, dass mein Schwarzsein meinen Werdegang in die Politik, mein demokratisches Verständnis von gesellschaftlichem Engagement und gesellschaftlicher Teilhabe mit beeinflusst hat.

Beginnen will ich aber mit einer anderen Frau in der Politik, mit einer, die mich zuletzt sehr beeindruckt hat: Bärbel Bas, Präsidentin des Deutschen Bundestags. Am 25. Oktober 2023 fand auf der Wartburg in Thüringen die zentrale Gedenkfeier zum 30. Geburtstag der Thüringer Verfassung statt. Und Bärbel Bas hielt dort eine fesselnde Rede. Vor allem zwei Sätze sind bei mir haften geblieben: »Eine kluge Verfassung allein«, so Bas damals, »schafft noch keine starke Demokratie.« Und weiter: »Es braucht die Bürgerinnen und Bürger, die eine Verfassung mit Leben füllen und somit die Demokratie tragen.«

»Ja«, stimmte ich Bärbel Bas innerlich zu, »das ist auch mein persönlicher Ansatz.« Ich bin eine dieser Bürgerinnen. Ich bin eine »Frau in der Politik«, eine Frau, die sich aus ganz individuell-schicksalhaften Erfahrungen entschieden hat, in die Politik zu gehen – und nun daran mitwirkt, unsere Demokratie mit Leben zu füllen.

Ich bin in Thüringen geboren und lebe seit 46 Jahren in diesem Bundesland. Zugegeben, es gab kurze Unterbrechungen, etwa für das Studium. Aber für mich hat sich an diesem Fleckchen Erde, an dem ich zu Hause bin, gar nicht so viel geändert, trotz so vieler politischer und gesellschaftlicher Umbrüche.

Im Oktober 1994, als die Thüringer Verfassung in Kraft trat, die Bärbel Bas zum Jubiläum übrigens ausdrücklich lobte, hatte ich für Politik noch nicht viel übrig. Damals hatte gerade an einem Erfurter Gymnasium meine Abiturphase begonnen, am Volksentscheid – die Bevölkerung stimmte über den Verfassungstext ab, den der Landtag mit großer Mehrheit beschlossen hatte – konnte ich aufgrund meines Alters nicht teilhaben.

Mitten in den »Baseballschlägerjahren«, also in den Nachwendejahren, die insbesondere in Ostdeutschland von rechter Gewalt geprägt waren, war ich vor allem damit beschäftigt, das Abitur zu bestehen – und nicht zur falschen Zeit am falschen Ort zu sein, um körperlicher Gewalt zu entgehen.

Als Schwarzes Mädchen, auch in einer Gruppe, konnte man sich nicht »normal« bewegen, man ging in der Masse nicht unter. Sichtbar als »anders« wahrgenommen zu werden, war weder zu DDR-Zeiten noch nach der Wende einfach und ging mit Ablehnung und verletzenden Erfahrungen einher. Auch wenn ich in dieser Zeit also noch ein Stück davon entfernt war, mich bewusst mit unserer Demokratie auseinanderzusetzen, wurden mir ihre Werte, die damit verbundenen Rechte, im Alltag lebendig vermittelt. Mit übergriffigem Verhalten durch Erwachsene, die mir ungefragt in die Haare fassten, oder der Frage »Wo kommst du wirklich her?« war ich auch in der DDR konfrontiert und reagierte je nach Tagesform wütend oder nahm es mit Humor. Der Gleichheitssatz aus Artikel 3 des Grundgesetzes – Alle Menschen sind vor dem Gesetz gleich – wurde mir besonders früh und teilweise schmerzhaft bewusst gemacht.

Ich war, wenn man so will, bereits eine »Frau in der Politik«, ohne dass es mir bewusst war. Dies auch deshalb, weil es einen großartigen Schulleiter und engagierte Lehrerinnen gab, die mit dafür sorgten, dass mein Interesse an Teilhabe und Mitbestimmung über Besuche im Jugendclub hinaus weiterwuchs. Voller Elan starteten wir damals das Projekt Schülerzeitung und bastelten unter selbst gewähltem Termindruck mit viel Kleber und Tipp-Ex Seiten zusammen, die dann händisch am Kopierer vervielfältigt wurden. Echte demokratische Handarbeit sozusagen.

Sicher, verfassungsrechtliche Grundlagen waren auch im Lehrplan verankert. Aber erst die praktische Anwendung der Pressefreiheit verdeutlichte mir, wofür Verfassungsgrundsätze gut sind. Die Einflussnahme des Lehrpersonals auf unsere Zeitung beschränkte sich auf ein Minimum, aber natürlich gab es auch Meinungsverschiedenheiten. Als Jugendliche waren wir für jeden Widerstand dankbar. Wir waren argumentativ gut aufgestellt, eine Lösung fand sich dann im Dialog auch bei schwierigen Beiträgen immer. Rückblickend war es ein weiteres nachhaltiges Zusammentreffen mit der Verfassung. Wir lernten die Meinungs- und Pressefreiheit kennen und schätzen.

Eine Frau in der Politik – das bin ich nicht zuletzt auch deshalb geworden, weil ich damals am eigenen Leib erfahren habe, was es heißt, Grundrechte zu haben, auszuüben und zu verteidigen. Und deshalb war mir auch klar, was Bärbel Bas meinte, als sie davon sprach, eine Verfassung müsse mit Leben gefüllt werden.

Für mich ist daraus ein persönlicher Ansatz erwachsen, wie wir Demokratie an die Bürgerin und an den Bürger bringen sollten. Die Verfassung mit Leben zu füllen, ist Aufgabe aller Menschen, die in Deutschland leben. Dafür ist es nie zu früh – und nie zu spät! Grundrechte haben eben keine Altersbeschränkung, und das Begreifen und Ausfüllen dieser Rechte mit Leben beginnt schon im Kindesalter.

Als Schülerzeitungsredakteurin war mir die Bedeutung der Verfassung nicht gänzlich bewusst. Aber ich konnte spüren, dass mir Freiheiten erwuchsen, die immens wichtig waren. Dieses Recht gab uns die Freiheit, Artikel so zu veröffentlichen, wie wir es für richtig hielten.

Das bringt mich zurück zum Verfassungsjubiläum in Thüringen. Zu Beginn des Jahres 2023 stellte sich uns im Ministerium die Frage: Wie feiert ein Justizministerium überhaupt am besten so ein Jubiläum? Eine Podiumsdiskussion, bei der Juristinnen und Juristen wissenschaftliche Beiträge über die Anwendung einzelner Verfassungsnormen zum Besten geben, wäre eine Möglichkeit gewesen. Sicher wäre auch diese Veranstaltung ein voller Erfolg gewesen. Doch mit der Erinnerung daran, was mir die Verfassung und insbesondere die Meinungs- und Pressefreiheit in meiner Jugend bedeutet hat, war es mir wichtig, den Fokus auf eine andere Zielgruppe zu legen: Schülerinnen und Schüler. Wir nahmen Kontakt zu verschiedenen Schulen auf.

Gemeinsam mit einem Demokratie-Bildungsprojekt erarbeiteten wir ein Konzept, das den Schülerinnen und Schülern die Thüringer Verfassung nahebringen sollte. Der Besuch der unterschiedlichsten Schulklassen war eine zuversichtlich stimmende Erfahrung. Die angeregten Gespräche über einzelne Verfassungsregeln waren erhellend und zeigten, dass die Kinder und Jugendlichen schon ein ausgeprägtes Verständnis für die Normen hatten. Gleichberechtigung und die Gleichheit aller Menschen waren ihnen dabei ganz besonders wichtig. Und ihr bereits vorhandenes Wissen dazu gibt mir Anlass zur Hoffnung, dass wir einer Zukunft entgegensehen, in der Menschen mit unterschiedlichsten Lebensentwürfen, sozioökonomischem Status und Herkunft am Ende gleichberechtigt mit- und nebeneinander leben.

Die Befürchtung des Lehrpersonals, dass sie ihre Schülerinnen und Schüler nicht ausreichend auf das Verständnis von Teilhabe oder Werten vorbereitet hatten, trat jedenfalls zu keiner Zeit ein. Das Engagement der Lehrkräfte war überhaupt erfrischend – trotz hoher Belastung aufgrund einer dünnen Personaldecke.

Besonders einprägsam war dabei für mich, dass in den Schulklassen auch Schülerinnen und Schüler mit Migrationsgeschichte an der Veranstaltung teilhaben konnten, zum Teil sogar ohne umfangreiche Deutschkenntnisse. Das gemeinsame Gestalten verschiedener Plakate – es erinnerte mich an das Erstellen unserer Schülerzeitung – wurde mithilfe von Medien, zum Beispiel zur Sprachübersetzung, ermöglicht, und alle unterstützten sich gegenseitig. Plakate zu den Themen Freiheit, Werte und Beteiligung wurden dadurch für alle verständlich gefertigt. Zu beobachten war außerdem, dass die Teilhabe aller Schülerinnen und Schüler am Projekt für sie selbst eine Selbstverständlichkeit war. Verfassungsverständnis, das Verstehen von Werten funktioniert ohne Worte. Das ist für mich eine wichtige Erkenntnis.

Ein weiteres Beispiel dafür, dass Demokratieverständnis bereits in der Grundschule seinen Platz hat, war der bundesweite Vorlesetag Mitte November 2023. Eine Erfurter Grundschule hatte mich eingeladen, diesen Tag dort mit Schülerinnen und Schülern einer zweiten und dritten Klasse zu verbringen. Ich wählte dafür das Buch »Alles klar, Justitia!«, herausgegeben vom Justizministerium Nordrhein-Westfalen. Es erklärt in einfachen Worten, wie die Justiz funktioniert – und stieß auf großes Interesse. Gerechtigkeit, eine Lehre dieses Tages, ist bereits in diesem Alter ein wichtiges Thema. Wie sehr, zeigte sich am Ende der Veranstaltung. Nachdem alle Fragen im Zusammenhang mit dem Buch geklärt waren, und das Buch ausreichend angeschaut worden war, hatten wir noch etwas Zeit. Ich stellte den Schülerinnen und Schülern deshalb die, wie ich dachte, kühne Frage, welche Gesetze sie denn so kennen würden. Und ich wurde überrascht. Viele der Kinder nannten zahlreiche Lebenssachverhalte, aus denen sie eine Norm, meist eine Strafnorm, ableiteten wie Diebstahls- oder Körperverletzungsdelikte. Ein Lehrer war richtig ergriffen, als eine seiner Schülerinnen – wohlgemerkt eine Drittklässlerin – in eigenen Worten den Straftatbestand der unterlassenen Hilfeleistung korrekt wiedergab. Sie hatten in der letzten Woche über diesen Tatbestand gesprochen. Und das Mädchen hatte das Gefühl für den Wert hinter der Norm, der ja auch viel mit der verfassungsrechtlich geschützten Menschenwürde zu tun hat, offenbar verinnerlicht.

Kinder und Jugendliche, in Deutschland, wie eben auch in Thüringen, können also grundsätzlich bereits die Verfassung mittragen. Sie können Demokratie mit Leben füllen, so wie es mir als

junge Frau auch möglich war. Wie wichtig eine solche frühe Ver-
innerlichung unserer demokratischen Werte ist, lässt sich im Übrigen gut erkennen, wenn diese Werte später als Erwachsene aktiviert
werden müssen, wenn wir mit Menschen konfrontiert werden, die
diese Werte ablehnen.

Als Migrationsministerin stand ich ein ums andere Mal im
Kreuzfeuer, wenn ich mich vor Ort mit Bürgerinnen und Bürgern
zum Dialog traf. Meist werden Dialogformate anlässlich eines The-
mas gewählt, das den Menschen schwer unter den Nägeln brennt.
Migration und die damit einhergehende Unterbringung von Geflüchteten ist ein solches Thema, gerade in Thüringen. Und die
Befürchtung, dass Menschen, die nicht an Dialog und Teilhabe
interessiert sind, eine Veranstaltung gezielt stören, ist leider kein
Ausnahmefall. An einem dieser Abende hatten Bürgermeister und
Landrat explizit die Bürgerinnen und Bürger des kleinen Ortes eingeladen, mitzudiskutieren. Der Stadtordnungsdienst war zur Sicherheit vor Ort geladen, die Stimmung im Saal leicht angespannt.

Es ist traurig zu wissen, dass Sicherheitsmaßnahmen erforderlich sind, wenn man Menschen dazu einlädt, sich an politischen
Prozessen zu beteiligen, dass Dialogräume Schutzmaßnahmen benötigen. Doch an diesem Tag verlief der Dialog sehr positiv. Die
Menschen lehnten ihre neuen Nachbarinnen und Nachbarn nicht
grundsätzlich ab, sie waren an Lösungen für die vielen kleinen Rei-
bereien, die erwartet wurden, interessiert, und diese sollten gemeinsam gefunden werden. Der große Eklat blieb aus und der Abend
endete spät mit einer Dorfgemeinde, die gemeinsam Ideen entwickelte, wie ein altes Gemeindehaus zu einer Begegnungsstätte für
ortsansässige und geflüchtete Menschen umgebaut werden könnte.

Mich stimmen solche konstruktiven Dialoge – auch und gerade
mit Blick auf meine Heimat Thüringen, die durch die vielen rechten Umtriebe und das Ergebnis der Kommunalwahlen aktuell viele
negative Schlagzeilen macht – zuversichtlich. Sie bestärken mich

im Glauben daran, dass Teilhabe und Dialog das beste Mittel sind, Konflikte zu minimieren und nachhaltige Lösungen zu finden.

Ich glaube zudem, dass sich hier bestätigte, was Bundestagspräsidentin Bärbel Bas beim Verfassungsjubiläum betonte: dass eine kluge Verfassung allein noch keine starke Demokratie macht. Es braucht eben die Bürgerinnen und Bürger, die eine Verfassung mit ihrem Denken und Handeln mit Leben füllen.

Es ist unsere Aufgabe als Politikerinnen und Politiker, den Raum für eine solche demokratische Betätigung zu schaffen.

Als Frau mit intersektionaler Erfahrung in Thüringen liegt mein besonderer Fokus fast zwangsläufig auf den Themen Rassismus und Sexismus in Ostdeutschland. Der Behauptung, dass es besonders in den neuen Bundesländern mehr Diskriminierung gibt, kann ich nicht gänzlich widersprechen. Aber es gibt auch hier viele Menschen, die bereit sind, sich auf Neues einzulassen, selbst wenn das bedeutet, die eigenen Vorurteile kritisch zu hinterfragen. Das erfordert Mut – und einen geschützten Raum. Es ist Aufgabe der Politik, diese sicheren Räume für Dialog und Teilhabe zu kreieren, in denen alle Menschen die Chance haben, mitzumachen. Und wenn es Gruppen gibt, die die Meinungsfreiheit als Recht allein für sich okkupieren wollen, dann gilt es, daran zu erinnern, dass auch verfassungsrechtlich garantierte Grundsätze ihre Schranken haben, insbesondere dann, wenn die Grundrechte anderer betroffen sind.

Schaue ich also auf unsere Verfassung und Demokratie, dann lehrt mich – und womöglich auch andere – mein bisheriges Leben als Mensch und Frau in der Politik vor allem das: allen Menschen muss ermöglicht werden, möglichst früh und frei in Kontakt zu kommen mit unseren demokratischen Werten. Dafür braucht es sichere Räume, für Schüler*innen und erwachsene Bürger*innen, um diese Werte im Alltag umzusetzen und dadurch unsere Verfassung mit Leben zu füllen. So wird Demokratie sich weiterentwickeln und gleichzeitig das Fundament unserer Gesellschaft bleiben.

ONYEKA OSHIONWU

In Göttingen ist Onyeka Oshionwu ehrenamtliche Bürgermeisterin. Für ihr herausragendes kommunalpolitisches Engagement im Rat der Stadt Göttingen wurde die Grünen-Politikerin mit dem bundesweiten Helene Weber-Preis ausgezeichnet. Oshionwu ist ansonsten u. a. Lehrerin im offenen Jugendstrafvollzug.

Foto: privat

EILEEN O'SULLIVAN

2021 wurde Eileen O'Sullivan von der Frankfurter Stadtverordnetenversammlung zur hauptamtlichen Dezernentin für Bürger:innen, Digitales und Internationales gewählt. Die Tochter einer Türkin und eines Iren ist Mitglied der Partei Volt. Mit 25 Jahren war sie die jüngste Dezernentin in der Geschichte der Mainmetropole.

Foto: dieserbobby

LAURA STAUDACHER

Laura Staudacher ist in der Lausitz zu Hause und gründete hier auch die Initiative »Junge Lausitz«. 2021 war sie die FDP-Direktkandidatin für die Bundestagswahl in Cottbus und Spree-Neiße. Neben ihrem ehrenamtlichen politischen Engagement in Brandenburg ist sie stellvertretende Pressesprecherin der FDP-Fraktion im Bundestag.

Foto: James Zabel

»AM ENDE WOLLEN WIR ALLE EINE DEMOKRATIE MITGESTALTEN«

»Die Jugend ist nicht mehr politisch«, sagen die einen. »Sie sind hochpolitisch, aber engagieren sich nur nicht mehr in Parteien«, argumentieren andere. In jedem Fall aber haben die Parteien ein Nachwuchsproblem. 2019 betrug das Durchschnittalter der Mitglieder von CDU/CSU und der SPD 60 Jahre. Die Parteieintritte sind nicht hoch genug, um die Existenz der Parteien auch in einigen Jahrzehnten sicherzustellen. Währenddessen sind junge Menschen in anderen politischen Räumen unterwegs: Bei One-Movement-Bewegungen wie Fridays for Future oder aber im digitalen Raum bei TikTok und Instagram. Und doch finden sich u. a. auch in wichtigen Leitungspositionen immer wieder auch junge Frauen. Drei dieser Frauen haben wir interviewt über ihre Erfahrungen und ihre Zeit in der Politik. Onyeka Oshionwu (Bündnis 90/Die Grünen) ist Bürgermeisterin in Göttingen, Eileen O'Sullivan (VOLT) ist Dezernentin für Digitalisierung, Bürger:innenservice, Teilhabe und EU-Angelegenheiten der Stadt Frankfurt am Main und Laura Staudacher engagiert sich ehrenamtlich für die FDP in Brandenburg. Wie ist es als junge Frau in der Politik? Welche Erfahrungen macht man und welche Rolle spielen Alter und Geschlecht?

Welche persönlichen Erfahrungen oder Herausforderungen habt ihr im Leben gemacht, dass ihr gesagt habt: Ja, ich will mich in der Politik engagieren? Und wisst ihr noch, ob euer Alter eine Rolle gespielt hat in diesem Entscheidungsprozess?

OO: Ich war schon früh politisch interessiert. Die meisten Menschen, die ich kenne, die das deutsche Schulsystem durchlaufen haben, vor allem die mit Diskriminierungserfahrung, haben den Wunsch, (daran) etwas zu verändern. Irgendwann dachte ich, immer nur auf dem Sofa sitzen und sagen: »Ja, das hätte ich anders gemacht«, geht nicht. Bevor ich selbst in die Politik gegangen bin, habe ich jedoch erst mal für meine Partei gearbeitet. Hier hatte ich das Glück, mit 2.000 Kommunalpolitiker*innen aus ganz Deutschland zu sprechen. Ich habe viele großartige Beispiele für praktische Politik aus deren Kommunen kennengelernt, ob das ein endlich realisierter Kita-Bau war oder ein neues Parkraumkonzept oder Antidiskriminierungsthemen. Politik ermöglicht es, das eigene Umfeld, die Stadt, die eigene Region oder auch das ganze Land besser zu machen. Nach dieser Arbeit bin ich in die Partei eingetreten und habe gedacht: Jetzt wäre ein Mandat super, weil es dann leichter ist, Dinge zu verändern.

EO: Bei mir gab es keinen bestimmten Moment, sondern mehr so ein Gefühl von: »Also entweder ich rege mich darüber auf, was alles in der Politik entschieden wird, trage aber selbst nichts dazu bei. Oder ich überlege mir, wie ich praktisch einen Beitrag leisten kann.« Ich habe überlegt: Gehe ich in eine NGO oder gehe ich doch lieber in eine Partei? Ich habe mich umgeschaut bei diversen Parteien, dabei hat das Alter mit hineingespielt. Ich wollte in keine Jugendorganisation gehen, nicht wie eine Parallelgruppe zur »richtigen Politik« behandelt werden. Das hat mich abgeschreckt. In der Regel ist es ja so, dass man ein paar Jahre in der Jugendorganisation tätig ist. Das war für mich ein Faktor, der mich auch sehr lange zurückgehalten hat, weil das für mich erst mal ein Ausschlusskriterium war. Ich dachte: Entweder gehe ich voll rein oder aber ich wirke wirklich als Zivilgesellschaft in einer Organisation oder einer Initiative mit.

LS: Für mich gab es auch nicht das eine Thema, was mich dazu bewogen hat, politisch aktiv zu werden. Ich fand Politik superspannend und war eher demokratiebegeistert als von einem Thema politisiert: Wie klasse ist es denn, dass sich in einer Demokratie wie unserer jeder mit seinen Ideen zur Wahl stellen kann und die Möglichkeit hat, Bundeskanzlerin zu werden? Ich dachte: Wenn ich mitmachen möchte, muss ich einer Partei beitreten. Das ist der Weg, um sich in der Demokratie zu engagieren. Ich weiß inzwischen, dass es auch andere Formen von politischem Engagement gibt, aber damals war der Parteieintritt für mich logisch. Mein Alter war insofern relevant, weil ich noch nicht wusste, dass es Jugendorganisationen gibt. Ich habe deswegen auf meinen 16. Geburtstag gewartet, denn das war das Mindestalter, um der FDP beizutreten. Ich hatte mich vorher orientiert, welche Partei am besten zu meinen Werten passt, und dann an meinem 16. Geburtstag meinen Mitgliedsantrag abgeschickt.

Weil ihr auch schon über Jugendorganisationen gesprochen habt: Wie lange ist man denn in eurer Partei noch jung?

LS: Mit dem 35. Geburtstag scheidet man bei den Jungen Liberalen aus. Man kann sich bewusst entscheiden, nur bei den JuLis oder nur bei der FDP Mitglied zu sein. Die Jungliberalen sind vor allem für Menschen, die in Ausbildung sind, aber auch für Berufseinsteiger die richtige Anlaufstelle. Jung ist man in der Politik aber leider immer noch deutlich länger – bis etwa Anfang 40, würde ich sagen.

OO: Wir haben kein Mindestalter. Bei uns kann man bis einschließlich 27 der Grünen Jugend angehören. Es kann manchmal mehr Spaß machen, mit eher Gleichaltrigen zu diskutieren. Ob man als »jung« wahrgenommen wird, kommt aber auch immer darauf an, wie alt die Leute aussehen, wie jung sie sich präsentieren, was sie begeistert oder wie sie wirken. Es guckt ja niemand auf das Alter und sagt: »Oh, morgen wirst du 40, jetzt wird's ab übermorgen anders.« Ich schließe mich Laura an, bis 40 ungefähr gehört man wahrscheinlich zu den Jüngeren. Gerade in der Kommunalpolitik ist man aber auch mit 50 manchmal noch jung, weil der Altersdurchschnitt oft sehr hoch ist. Mein Vorgänger war 78 als Bürgermeister [in Göttingen], da wäre auch ein Nachfolger mit 60 noch recht knackig gewesen.

ES: Bei uns kommt es immer darauf an, in welchem Team man gerade ist. Wir haben zum Beispiel einen sehr viel niedrigeren Altersdurchschnitt bei Volt in Deutschland als bei Volt in den Niederlanden. Dann ist es auch abhängig von der Stadt. Wenn man in einer Unistadt wie Marburg lebt, sind die Leute im Schnitt jünger als auf dem Land. Wir hatten zuletzt einen Altersdurchschnitt von 34.

Könnt ihr euch noch erinnern, wie euer Umfeld reagiert hat, als ihr gesagt habt, dass ihr euch politisch engagieren werdet?

OO: Meine Familie und meine Freundinnen waren erleichtert. Sie hatten die große Hoffnung, dass ich sie weniger nerve mit politischen Diskussionen, und waren ganz froh, dass ich die Themen jetzt mit anderen besprechen konnte, und super unterstützend. Meine Oma meinte: »Schön, aber wenn die Leute doofe Sachen sagen, darfst du nicht traurig sein oder so!« Das war ganz süß. Ich kann nur Bestes berichten und bin auch immer noch sehr dankbar für die Unterstützung.

LS: Bei mir war es tatsächlich ganz anders – gerade familiär. Meine Eltern und Großeltern haben meinen Parteieintritt mit Sorge beäugt. Aber sie haben mich machen lassen, auch wenn ich noch nicht volljährig war. Es gab eher ein ablehnendes Verhältnis zu Parteien; nicht im Sinne von Misstrauen gegen »die da oben«, sondern aufgrund schlechter Erfahrungen mit dem Label Parteimitglied. Ich komme aus Ostdeutschland, da haben meine Großeltern zweimal die Erfahrung gemacht, dass eine Parteimitgliedschaft im Nachhinein nachteilig gewesen sein konnte, und deswegen haben sie das als Gefahr für meine Zukunft gesehen, dass ich mich zu einer Partei bekenne. Inzwischen finden sie das aber gut oder unterstützen das voll. In der Schule war es schon was Besonderes, in einer Partei zu sein. Das ist inzwischen zehn Jahre her. Damals war es überhaupt nicht normal, dass junge Menschen in Parteien eintreten. Das hat sich in den letzten Jahren zum Glück etwas verändert.

EO: Meine Familie war auch erst mal skeptisch. Nicht weil ich mich politisch engagiere, sondern weil es in einer Partei ist, von der man nicht schon seit Jahren weiß, wofür sie steht. Und weil sie nicht wussten, welchem Kleingartenverein tritt sie jetzt bei, mit so einer Kleinstpartei. Als das ganze öffentlicher wurde, gab es sehr viel positive Unterstützung und Feedback.

Ihr habt verschiedene Funktionen, auch verschiedene Parteihintergründe und Ämter, die ihr besetzt. Was meint ihr, wäre eure politische Laufbahn bisher anders verlaufen, wenn ihr ein gleichaltriger Mann gewesen wärt?

EO: Ich glaube schon, dass meine politische Laufbahn anders gelaufen wäre. In der Rolle, in dem Amt, in dem ich jetzt gerade bin, hätte ich einen anderen Start gehabt mit Leuten, die nicht stadtintern und verwaltungsintern sind, da die Strukturen, die Kultur in Verwaltungen zum Teil nicht auf den ersten Blick eindeutig nachvollziehbar sind. Aber auch, was Sprüche und gewisse Stereotype angeht, die man als junge Frau bekommt und als junger Mann nicht. Auf dem Weltwirtschaftsforum in Davos dieses Jahr habe ich mich mit zwei Vorsitzenden von sehr großen Finanzunternehmen unterhalten. Dann kam ein etwas jüngerer Mann dazu, hat sich an den Stehtisch gestellt, an dem wir zu dritt standen. Einer der Herren sagte: »Ja, Herr XY, ist ja klar, dass Sie wieder bei den jungen hübschen Frauen stehen.« Ich habe ihn etwas irritiert angeschaut und seinem Chef, mit dem ich mich sehr gut verstanden habe und mit dem ich ein Gespräch auf Augenhöhe geführt habe, war das offensichtlich peinlich und er hat ihn aufgeklärt darüber, wer ich bin. Dann hat er sich mehrmals entschuldigt. Das wäre einem jungen Herrn in meiner Rolle wahrscheinlich nicht passiert. Wenn der dort gestanden hätte, wäre er höchstwahrscheinlich nicht als junger, attraktiver Mann tituliert worden. Ich finde, so etwas ist schon auffällig. Ich denke auch andersherum: »Da ich jetzt das Amt innehabe, trauen sich viele nicht, mir Dinge zu sagen, die man anderen Frauen in meinem Alter vor versammelter Mannschaft sagen würde.« Menschen sollte man stets mit Respekt begegnen, ungeachtet ihres Titels oder ihrer Rolle.

OO: Ich weiß manchmal gar nicht, woran es genau liegt, ob es das Alter ist, das Aussehen. Wenn ich zu Veranstaltungen gehe, um dort das Grußwort oder eine Rede zu halten, sind die Menschen oft irritiert, vor allem am Anfang war das so. Dann wollen sie wissen, was ich da mache und ob sie mir helfen können. Ich sage dann immer: »Ich würde jetzt als Bürgermeisterin das Grußwort für die Stadt sprechen.« Meist ist es den Leuten dann sehr peinlich. Ich bin mir nicht sicher, ob sie einfach eine ältere Person, auch eine ältere Frau, einen Mann oder einfach meinen Vorgänger, der das so lange gemacht hat, erwarten. Aber ich werde, glaube ich, grundsätzlich ohnehin häufiger nach meinem Alter gefragt als gleichaltrige Männer.

LS: Ich wurde nicht abgewertet, aber bei Frauen ist das Aussehen immer Thema – und bei Männern völlig egal. Wir hatten mit Marie-Agnes Strack-Zimmermann eine 66-jährige Spitzenkandidatin zur Europawahl und selbst da kamen Sprüche wie: »Die sieht nicht schön aus.« Wieso ist das überhaupt relevant, wie jemand aussieht? Bei einem Mann in dem Alter würde man diese Kategorie überhaupt nicht anlegen. Dass ich für die Praktikantin gehalten werde, ist mir auch schon häufiger passiert. Weil einfach in vielen Köpfen noch das Bild vom Politiker ist: mittelalter Mann mit Anzug und Krawatte. Aber auf die eigentliche Frage bezogen, ob meine bisherige politische Laufbahn anders gelaufen wäre, wenn ich keine Frau wäre: Das glaube ich schon. Ich hatte in meiner Partei, die unter einem relativ geringen Frauenanteil leidet, das Gefühl, dass sich Türen leichter geöffnet haben. Engagierte junge Männer haben wir sehr viele, doch engagierte junge Frauen, die nach vorne wollen, weniger. Manch eine Kandidatur wäre nicht möglich oder erfolgreich gewesen, wenn ich nur ein weiterer Mann gewesen wäre. Dass die Spitzenpositionen natürlich trotzdem umkämpft sind, ist klar. Aber selbst wenn ich eine Kampfabstimmung verloren habe, hatte ich nie das Gefühl, dass das aufgrund meines Geschlechts war. Wenn ein unveränderliches Merkmal eine Rolle gespielt hat, dann eher das Alter.

Habt ihr manchmal Verständnis dafür, dass junge Menschen sich von der Politik abgeschreckt fühlen?

LS: Klassische Parteiarbeit ist wenig Spaß, aber oft das Erste, was man erlebt. Man kommt zuerst zum Parteitag, weil man denkt, das ist ja eine Veranstaltung, wo ich mir anschauen kann, wie Parteiarbeit funktioniert. Die rein formalen Parteiveranstaltungen sind aber super abschreckend, nicht nur für junge Menschen, sondern bestimmt für jeden, der das zum ersten Mal erlebt.

Mit der Zeit merkt man jedoch, dass in Parteien viele Gleichgesinnte und spannende Persönlichkeiten, oft sogar neue Freunde zu finden sind. Da sind auch die Jugendorganisationen super und da wird auch Wert gelegt auf das Sozialleben. Dann macht das Ganze auch mehr Spaß. Insgesamt sollten sich Parteien an vielen Stellen offener zeigen für neue Mitglieder in jedem Alter und jeder Lebensphase. Oft hat man das Gefühl, man muss erst über mehrere Jahre eine Ochsentour gehen, bevor man mal ernsthaft für etwas kandidieren darf.

OO: Ich würde auch sagen, dass es völlig verständlich ist, dass viele junge Menschen sich von Politik nicht abgeholt oder sogar abgeschreckt fühlen. In meiner Stadt haben wir ein Jugendparlament, was super ist. Es ist aber nicht selbstverständlich, dass Jugendliche wissen, dass sie hier politische Veränderung anstoßen können, die Jugendliche, aber auch alle anderen Bereiche betreffen können. Und dass sie in den Ausschüssen des Stadtrats mitdiskutieren und ihre Belange einbringen dürfen, und dass ihre Meinung dabei sehr ernst genommen wird. Die Distanz, die viele Menschen zur Politik verspüren, zeigt sich für mich am deutlichsten an meinen Schülerinnen und Schülern. Viele haben das Gefühl, dass Politik nichts mit ihnen zu tun hat. Es ist für mich als Lehrerin harte Arbeit, zu versuchen, sie für Demokratie und Politik zu begeistern, und zu verdeutlichen, dass Politik auch was mit ihrer Lebensrealität zu tun hat. Ich finde, man muss das Gefühl haben, dass man was verändern kann, denn sonst erlebt man Politik und alle Prozesse, die dazugehören, vermutlich als zu ermüdend.

Eileen, als Mitglied einer Partei, die sehr jung gegründet worden und auch vom Altersdurchschnitt eher jung ist: Begegnet euch trotzdem diese Politikverdrossenheit der Jugend, vielleicht auch in der Gesellschaft?

EO: Ich war in einer Schule in Frankfurt und habe den Erstwähler*innen zur Europawahl erklärt, wie man wählen gehen kann. Als ich zum Schluss gefragt habe: »Wer von euch würde denn wählen gehen?«, haben nur 1/3 des Raums die Hand gehoben – und das, obwohl man mit einem QR-Code die Briefwahlunterlagen bekommen kann. Ich finde es schon krass. Ich habe das Gefühl, dass die Jugend gar nicht weniger politisiert ist, sondern mehr müde vom Politikbetrieb als solchem. Wir haben ein Problem, was Vorbilder angeht, dass nicht genug junge Menschen Sichtbarkeit bekommen. Dass viele Parteien jetzt anfangen, sich auch auf Social Media zu präsentieren und dort aktiver zu werden, ist ein Muss. Einfach, um die Kinder und die Jugendlichen dort anzutreffen, wo sie ihre Freizeit verbringen. Wenn Social-Media-Kompetenzen breitflächig in den Parteien richtig gelebt werden, gibt es noch die Chance, einen Gegenpol zur AfD zu schaffen, die dort unglaublich viel Raum einnimmt. Da muss noch viel passieren in der Parteienlandschaft, dass die Welt von morgen eine ist, in der Menschen ihr Handy in die Hand nehmen, in die Kamera sprechen – und das authentisch, ohne Skript. Das ist ein Umlernen von öffentlicher Kommunikation, wie man sie in den letzten Jahrzehnten betrieben hat. Verständnis für das mangelnde Interesse habe ich zu einem gewissen Grad schon. Denn wenn man sich mit niemandem identifizieren kann und das Gefühl hat, nirgendwo gehört zu werden, dazu hat keiner Lust. Die Jugend ist nicht weniger politisch. Aber weniger engagiert.

OO: Ich habe das Gefühl, dass sie oft anders engagiert sind, egal ob das in Sportvereinen, bei der Letzten Generation oder in anderen Bereichen ist. Im freiwilligen Engagement sind viele junge Leute dabei. Vielleicht bekommen sie da mehr zurück.

LS: Das sehe ich auch so. Junge Menschen sind nicht unbedingt weniger engagiert. Im Gegenteil. Aber leider nicht über die Parteien, sondern über Bewegungen und NGOs, weil es leichter ist, sich damit zu identifizieren. Weil diese ein Thema haben, Klimaschutz beispielsweise, und das nach vorne stellen. Dahinter kann man sich vereinen. Eine Partei bietet Lösungen oder Positionen zu jedem Politikfeld an und da denkt man: »Mit der Wirtschaftspolitik der FDP kann ich nicht leben, aber die Gesellschaftspolitik finde ich gut. Ich fühle mich von keiner Partei so richtig abgeholt.« Das macht es nicht nur für junge Menschen, sondern generell schwieriger, sich für eine Partei zu entscheiden als für ein Engagement in einem weniger formalen Rahmen.

Wie kann sich die politische Landschaft so verbessern, dass man die aktive Beteiligung gerade von jungen Leuten auch innerhalb von Parteien besser fördern kann? Habt ihr Ideen oder Ansätze?

EO: Man muss dorthin gehen, wo junge Menschen sind. Das entwickelt sich gerade: Viele Amts- und Mandatstragende und Kandidierende stellen sich auch auf Social-Media-Plattformen stärker dar. Instagram und Facebook sind ja schon längst angekommen. Ich glaube auch, dass es innerhalb der Parteien Strukturen geben und eine Atmosphäre geschaffen werden muss, die jungen Menschen, die noch nicht das 20. Mal einen Parteitag besucht haben oder ein Kommunalwahlprogramm mitgeschrieben haben, trotzdem dazu befähigt, Input zu liefern, teilzunehmen und mitzugestalten. Immer dann, wenn man sich wirksam fühlt, vor allem im ehrenamtlichen Bereich, und weiß, wofür man etwas macht, bleibt man auch dran. Es ist keine Selbstverständlichkeit, dass eine Organisationsstruktur und eine Atmosphäre das einfach hergibt.

LS: Da finde ich Initiativen wie JoinPolitics oder auch Brand New Bundestag total gut, die junge Kandidierende oder auch Quereinsteiger unterstützen, politische Projekte auf den Weg zu bringen, damit man auch außerhalb von Ämtern und Mandaten wirksam werden kann. Man hat bei Wahlkämpfen die Möglichkeit, sich zu beweisen. Aber außerhalb davon haben Basismitglieder häufig gar keine Chance, sich innerparteilich zu zeigen, und da helfen Initiativen wie JoinPolitics. Ich fand das für mich unglaublich hilfreich, Ressourcen und Unterstützung für ein Projekt zu bekommen.

OO: Wenn man sich die Ergebnisse der Bertelsmann-Studie anschaut, ist es erschreckend, wie viel Misstrauen und Unsicherheit Menschen zwischen 15 und 30 nicht nur einzelnen Politiker*innen, sondern auch dem Parlament gegenüber an den Tag legen. Da fehlt es an Austausch. An den Bundespressereisen nehmen im Schnitt nicht unbedingt die 16-Jährigen teil, auch nicht an anderen Formaten, wo man in Dialoge treten kann. Mir hat eine Parteikollegin gesagt, dass sie zu uns gekommen ist, weil es eine ganz cool beworbene, mit Pizza ausgeschriebene Aktion der Grünen Jugend gab, die erklären wollte, was Kommunalpolitik ist. Sie dachte: Jetzt bin ich im Studium und weiß immer noch nicht genau, was in der Kommunalpolitik passiert. Vielleicht gehe ich mal hin und informiere mich darüber, was das ist. Da hat sie gemerkt, okay, das ist ja richtig cool. Das sind genau die Themen, die mich bewegen, und hat sich danach in den Stadtrat wählen lassen. Man muss mehr Räume schaffen, wo man sich darüber austauschen kann, was einen tatsächlich bewegt, und überlegen, was es für Möglichkeiten gibt, darauf Einfluss zu nehmen.

Ganz kreativ gesprochen, ganz fiktiv gedacht. Wie sähe für euch eine Parteisitzung aus, wo ihr sagen würdet: »Die würde jungen Leuten richtig Spaß machen.«

LS: Es ist wichtig, dass man nach der Veranstaltung das Gefühl hat, man ist vorangekommen, man hat ein inhaltliches Thema besprochen und nicht nur eine Tagesordnung abgearbeitet. Von der organisatorischen Seite her ist es wichtig, nicht in einem Hinterzimmer und vielleicht auch nicht auf Selbstzahlerbasis zu tagen, damit junge Menschen, die als Schüler oder Azubis oder Studis nicht so viel Geld haben, überhaupt teilnehmen an der Parteiveranstaltung. Man sollte sicherstellen, dass zumindest für Getränke und vielleicht auch noch für eine Pizza gesorgt ist und danach auch noch Zeit ist, sich auszutauschen.

OO: Ich stimme Laura zu und möchte ergänzen: Es müsste mehr eingeführt und abgeholt werden. Was ist der Unterschied zwischen einem Antrag und einer Anfrage? Wie formuliert man diese am besten? Es sollte ein Klima herrschen, in dem man alles fragen kann. Wenn sich Menschen für den Klimaschutz oder das Thema Gesundheit interessieren, dann sollte man erklären, was Parkraumbewirtschaftung damit zu tun hat, sonst bleibt politisches Wirken immer abstrakt. Dabei ist es cool, wenn Politik konkret wird, selbst wenn die Veränderung minimal ist, weil dann erkannt werden kann, dass sich etwas bewegt. Man könnte mehr Besuche bei Initiativen, Firmen, Vereinen anbieten, damit auch da ein echter Austausch zustande kommt, damit sich nicht immer nur die gleichen fünf jeden Mittwoch treffen, sondern es die Chance gibt, Impulse aus unterschiedlichen Bereichen mitzunehmen.

EO: Man sollte proaktiv vorab das Eis brechen. Langjährige Mitglieder sollten bewusst auf neue zugehen und sie einbinden. Indem man sie kennenlernt, sich anfängt zu interessieren für die Dinge, die diese neuen Menschen jeweils mitbringen in der Runde. Und ihnen helfen: »Wo kannst du mitmachen, um recht schnell wirksam zu werden?« Als junge Frau habe ich mir immer Gedanken gemacht: »Kann ich das jetzt wirklich so äußern? Ist das eine ausgereifte Meinung?« Man sollte auch genau auf jene Leute achten, die sehr ruhig sind in der Runde, denn die haben manchmal sehr guten Ideen, trauen sich aber nicht, sie auszusprechen.

Erinnert ihr euch an einen Moment in eurer politischen Laufbahn, der euch besonders gut in Erinnerung geblieben ist?

OO: Das absolute Highlight war der Helene Weber-Preis, ein Preis für engagierte Kommunalpolitikerinnen. Aber ich würde sagen, auch nach Veranstaltungen oder nach einzelnen Erfolgen im Rat, wenn Leute sagen: Danke für deine Arbeit oder für deinen Einsatz oder die Rede. Egal, welche Wertschätzung da kommt, das bestärkt mich. Außerdem macht das Mut und Lust weiterzumachen.

LS: Immer wenn man das Gefühl hat, es ist wirksam, was man tut und man erreicht etwas, dann ist es eine positive demokratische Erfahrung. Das war meine Motivation auch vor der Parteimitgliedschaft. Ich war Schülersprecherin an meiner Schule und wir haben es geschafft, überdachte Fahrradständer für die Schüler zu organisieren. Das war unser Herzensanliegen. Jahrelang hat es nicht geklappt und durch unser Engagement wurde es dann möglich. Das war rückblickend für mich ein ganz wichtiger Moment, der mir gezeigt hat, dass es etwas bringt, sich einzusetzen. So war es auch in der Partei.

EO: Was ich immer total cool finde, ist, wenn Frauen sich überparteilich unterstützen. Wenn man in eine Position kommt, in der man Macht hat, entsteht oft eine Atmosphäre, in der Frauen die Ellbogen ausfahren, wohl aus der Sozialisation heraus, dass es immer nur genug Platz für eine Person gibt. Dass es nur eine Frau geben kann. Ich finde es schön, wenn junge Frauen es schaffen, sich unterzuhaken und einander zu bestärken. Am Ende wollen wir alle eine Demokratie mitgestalten. Dass man sich taktisch untereinander bestärkt, fühlt sich noch mal ganz anders bedeutsam an.

Von eigenen Parteifreundinnen ein Kompliment zu bekommen, ist richtig wertvoll. Überparteilich zu erleben, wie Frauen sich gegenseitig unterstützen, hat noch mal eine ganz andere Wertigkeit und mich freut es doppelt, wenn man einen guten, stärkenden Austausch untereinander hat.

Was macht euch zu Demokratinnen und was bedeutet Demokratie für euch?

EO: Für mich bedeutet Demokratie, dass in der Welt, in der wir leben, alle ihren Platz finden, sich selbst entfalten können und niemand weniger wert ist als die nächste Person. Und dass wir für eine Gesellschaft, Wirtschaft und Kultur kämpfen, in der wir alle zusammen ein gutes Leben führen können, mit all unseren Unterschiedlichkeiten und Eigenheiten, denn diese machen die Welt so spannend und interessant. Ich setze mich dafür ein, dass wir ein Stück weit näher an eine solche Welt kommen, in der wir alle uns frei entfalten und wir selbst sein dürfen und einander Platz geben, selbst auch Platz einnehmen können, aber auch einen Schritt zurücktreten können für diejenigen, die nicht gehört werden. Das macht mich zu einer Demokratin.

LS: Demokratie bedeutet für mich, dass ich akzeptieren kann, dass es unterschiedliche Meinungen zu jedem Thema gibt, also unterschiedliche Perspektiven und Herangehensweisen, Probleme zu lösen. Dass ich mich immer bemühe, mein Gegenüber zu verstehen, auch wenn ich selbst eine andere Position habe. Und dass ich aushalten kann, wenn jemand eine andere Meinung hat, und man gemeinsam schaut, wie ein Kompromiss gefunden werden kann. Und genau deshalb braucht es auch Parteien: Parteien haben die Aufgabe, die Meinungsvielfalt in der Gesellschaft zumindest ansatzweise zu ordnen und zu organisieren. Nur so kann man in einen

Aushandlungsprozess einsteigen. Das passiert derzeit zu selten und das ist unglaublich undemokratisch und ein großes Problem. Ich bin immer bereit, mir andere Positionen anzuhören. Das macht mich zu einer Demokratin und ist aus meiner Sicht eine ganz wichtige Eigenschaft, die wir noch stärker entwickeln müssen in vielen Teilen der Gesellschaft. Wir müssen uns mehr anstrengen, zu einer gemeinsamen Lösung zu kommen und andere Dinge wie das Parteibuch oder die eigene Weltanschauung auch zurückstellen können.

OO: Laura und Eileen haben schon ganz viel gesagt. Ich bin dankbar, zu den circa 30 % der Weltbevölkerung zu gehören, die in (funktionierenden) Demokratien leben dürfen. Demokratin zu sein bedeutet für mich, nicht zu vergessen, dass es für ganz viele Menschen der größte Wunsch ist, etwas verändern zu können, und die für den Traum von Freiheit und Mitbestimmung häufig sogar ihr Leben aufs Spiel setzen. Dass dieser Traum der Menschen schon unsere Realität ist und dass es sich deshalb lohnt, Demokratie immer wieder zu erklären, zu rechtfertigen und mitzugestalten – das finde ich ganz wichtig.

LS: Ja, Demokratie ist keine Selbstverständlichkeit, sondern ein Privileg, das auch verloren gehen kann, wenn man sich nicht engagiert.

EO: Es ist wichtig, dass sich möglichst viele Menschen im Rahmen ihrer Möglichkeiten beteiligen. Immer dann, wenn viele verschiedene Lebensrealitäten und Perspektiven zusammen an der Zukunft arbeiten, wird die Zukunft gut für möglichst viele verschiedene Menschen mit unterschiedlichen Erfahrungen und Hintergründe im Leben.

Das Interview führte Tannaz Falaknaz am 29. April 2024.

HEIKE HEUBACH

Im März 2024 rückte Heike Heubach in den Deutschen Bundestag nach und schrieb damit als erste gehörlose Abgeordnete Geschichte. Die SPD-Politikerin setzt sich ein für mehr Gleichberechtigung, mehr Umweltschutz und dafür, dass Menschen mit Behinderungen sichtbarer werden. Vor ihrer Zeit in der Berufspolitik arbeitete Heubach im Energiesektor. Im September 2024 nominierte die SPD des Wahlkreises 252 Augsburg-Land sie erneut als Direktkandidatin für die Wahl zum Deutschen Bundestag 2025 – mit 98,4 Prozent Zustimmung.

Foto: Fionn Große

NIEMAND SOLL AUSGESCHLOSSEN WERDEN – WAS ES FÜR EINE WIRKLICH INKLUSIVE POLITIK BRAUCHT

»Meine Damen und Herren [...], heute schreiben wir tatsächlich Geschichte, wenn ich das mal so sagen darf. Wir haben die erste gehörlose Abgeordnete, die sich hier für ihren Wahlkreis einbringen wird [...].«

(Bärbel Bas, Bundestagspräsidentin am 21.03.2024)

Auch für mich war dies ein historischer Tag, nicht nur weil ich die erste gehörlose[*] Abgeordnete des Deutschen Bundestags bin. Bei meiner ersten Plenarsitzung konnte ich den Worten von Bärbel Bas direkt folgen – eine Gebärdensprachdolmetscherin stand neben dem Redepult der Bundestagspräsidentin und übersetzte simultan alles, was gesprochen wurde, in die Deutsche Gebärdensprache (DGS). Eine solch inklusive Teilhabe war für mich nicht immer in dieser Form möglich und ist auch heute noch für viele taube Menschen in Deutschland leider keine Selbstverständlichkeit.

Die Beschlüsse des Mailänder Kongresses im Jahr 1880 haben auch bei mir, meiner Familie und sehr vielen weiteren Menschen große

---

[*] Ich verwende als Selbstbezeichnung die Begriffe gehörlos oder taub. Im folgenden Text sind mit taub bzw. gehörlos alle Menschen gemeint, die Gebärdensprache nutzen und sich der Gehörlosengemeinschaft bzw. Gemeinschaft tauber Menschen zugehörig fühlen, unabhängig davon, welcher medizinische Hörstatus (leicht/mittelgradig, an Taubheit grenzend, schwerhörig usw.) ihnen attestiert wurde.

Spuren hinterlassen. Damals trafen sich die »Taubstummenlehrer*innen« (der Begriff »taubstumm«, der zu dieser Zeit geläufig war, ist inzwischen veraltet und wird aus verschiedenen Gründen als diskriminierend wahrgenommen – alternative Begriffe sind taub oder gehörlos) auf einem Kongress in Mailand, dem »Zweiten internationalen Taubstummen-Lehrer-Kongress«, und diskutierten darüber, wie taube Kinder in Zukunft unterrichtet werden sollten.

Die Mehrheit der Lehrer*innen stimmte dafür, Gebärdensprachen an allen Gehörlosen- und Schwerhörigenschulen europaweit gemäß dem größten sogenannten Oralismus-Vorreiter Samuel Heinicke zu verbannen und ausschließlich lautsprachlich, also oral zu unterrichten. Nur die drei »Taubstummen«lehrer Thomas Hopkins Gallaudet aus den USA und die beiden Franzosen Louis Laurent Marie Clerc und Abbé de l'Epée unterrichteten weiterhin an amerikanischen, französischen und englischen Schulen anhand der jeweiligen Gebärdensprachen und erforschten die gebärdensprachliche Methode, um zu beweisen, dass sie für die Bildung gehörloser Personen besser geeignet ist als der Oralismus. Auch an allen deutschen Gehörlosenschulen wurden im Anschluss an den Mailänder Kongress taube Schüler*innen in Lautsprache unterrichtet, die Deutsche Gebärdensprache (DGS) war nicht erwünscht, bzw. sogar strengstens verboten. Einzig in den Pausen gebärdeten die Kinder miteinander (zum Teil heimlich) und viele lernten nur auf den Schulhöfen Gebärdensprache.

Die Entscheidung, die vor mehr als 140 Jahren getroffen wurde, hat bis in die Gegenwart Auswirkungen und beeinflusste auch meine Kindheit und Schulzeit stark. So wurden meine Eltern (wie auch viele andere Eltern tauber Kinder) angewiesen, nur in Lautsprache mit mir zu kommunizieren, um zu verhindern, dass ich von der Gesellschaft exkludiert werde und nicht mit anderen (hörenden) Menschen kommunizieren könne. Eltern taten das in gutem Gewissen, um den eigenen Kindern eine bessere Bildung und eine gute Teilhabe an der Gesellschaft zu ermöglichen – insbesondere auch, da die absolute Mehrheit der Fachpersonen ihnen von einer gebärdensprachlichen Kommunikation abriet und sie sogar als schädlich bezeichnete.

Aus diesem Grund kommunizierte ich mit meinen Eltern und meiner Oma, die auf mich aufpasste, während meine Eltern arbeiten gingen, rein lautsprachlich. Erst als ich in die Frühförderung, in den Kindergarten und in die Schule kam, kam ich mit anderen tauben Kindern in Kontakt und konnte dort von Kindern tauber Eltern, die die DGS als Erstsprache erworben hatten, Gebärdensprache lernen und so mit allen kommunizieren. In der Grundschule hatten wir großes Glück und hatten eine tolle, gebärdensprachkompetente Lehrerin, die sehr offen war. Sie hat sehr viel mit uns in DGS kommuniziert und einige Projekte mit uns in Gebärdensprache entwickelt. Diese Zeit habe ich sehr gut in der Erinnerung. Nach der 5. Klasse war die Situation dann leider eine andere: bis zur Fachoberschule hatten wir viele lautsprachorientierte Lehrer*innen und sehr wenige gebärdensprachkompetente Lehrer*innen.

Viele Menschen denken, dass es für uns geübte Personen leicht ist, einem lautsprachlichen Gespräch zu folgen. Dem ist leider nicht so. Tatsächlich können maximal 20–30 % wirklich von den Lippen abgelesen werden. Alles andere ist Kombinationsaufgabe der tauben Person. Zusätzlich gibt es verschiedene Faktoren, die das Ablesen erleichtern oder erschweren, wie zum Beispiel gute oder schlechte Lichtverhältnisse oder ein klares Mundbild. Dadurch, dass viele Wörter ein gleiches Mundbild haben (wie z. B. »Mutter« und »Butter«), müssen taube Menschen sehr viel mehr nachdenken und kombinieren als die hörenden Gesprächspartner*innen. Das ist sehr ermüdend. Ein Gespräch auf Augenhöhe zwischen einer gehörlosen Person und einer hörenden Person funktioniert nur dann, wenn Gebärdensprache mit im Spiel ist.

Daheim bei meiner eigenen Familie ist die Kommunikation komplett barrierefrei, die Deutsche Gebärdensprache ist die Erstsprache meiner beiden Töchter. Mein Mann und ich sind taub und die Entscheidung, unsere Töchter mit Gebärdensprache zu erziehen, war für uns selbstverständlich. Nur durch Gebärdensprache können wir in Kommunikation treten und echte zwischenmenschliche Beziehungen aufbauen und erhalten.

Nach meinem Schulabschluss hatte ich in der Ausbildungszeit an der Berufsschule erstmals Gebärdensprachdolmetschende in den Kursen, die alles Gesprochene in DGS übersetzten – und umgekehrt natürlich auch alles, was ich gebärdete, in die deutsche Lautsprache. Ein absolutes Aha-Erlebnis für mich, denn auf einmal verstand ich viel mehr als in den ganzen Jahren an den unterschiedlichen Gehörlosenschulen zuvor und die Kommunikation verlief einwandfrei und reibungslos. Ich konnte überall teilnehmen und teilhaben, ohne an die möglichen kommunikativen Barrieren zwischen den Hörenden und mir denken zu müssen. Die Bildung darf an Barrieren innerhalb der Kommunikation niemals scheitern!

Um Chancengleichheit am Arbeitsplatz habe ich seit 2008 mit Beginn meiner Ausbildung sehr lange kämpfen müssen. Anfangs war Chancengleichheit leider nicht selbstverständlich, und vor allem für die finanziellen Leistungen von Behörden für Arbeitnehmer*innen und Arbeitgeber*innen hat sich niemand verantwortlich gefühlt. Unter anderem ging es dabei um die Nutzung von Telefondolmetschdiensten und von Gebärdensprachdolmetschenden am Arbeitsplatz. Die DGS wurde erst im Jahr 2002 als offizielle Sprache anerkannt. Diese Anerkennung markierte einen bedeutenden Schritt in Richtung Gleichberechtigung und Teilhabe von gehörlosen Menschen in der Gesellschaft. Durch die Anerkennung der Deutschen Gebärdensprache als eigenständige und gleichwertiger Form der Kommunikation wurden Barrieren abgebaut und die Rechte von gehörlosen Menschen gestärkt, insbesondere im Bildungswesen, im Arbeitsleben und beim Zugang zu öffentlichen Dienstleistungen. Laut der UN-Behindertenrechtskonvention, die im Jahr 2009 von Deutschland ratifiziert wurde, soll allen Menschen mit Behinderungen eine unabhängige Lebensführung und die volle Teilhabe in allen Lebensbereichen ermöglicht werden. Wenn ich allerdings damals nicht für meine Rechte gekämpft hätte, hätte ich entweder erst sehr viel später oder sogar überhaupt keine Dolmetschenden bekommen. Es kann äußerst kontraproduktiv sein, wenn Unternehmen die Kosten für die Dolmetschenden übernehmen. Dies war ursprünglich die Absicht meiner Firma, um den Prozess der Bewilligung zu verkürzen, aber ich widersetzte mich dem, da ich um meine Rechte wusste. Eine Kostenübernahme durch Firmen hätte zudem zur Folge, dass Unternehmen keine gehörlosen Menschen mehr einstellen würden, weil Gebärdensprachdolmetschende sehr kostenintensiv sind. Dies gilt es unbedingt zu vermeiden. Alle Menschen haben das Recht auf eine funktionierende Kommunikation. Hinzu kommt, dass für die Kommunikation beide Seiten, also sowohl hörende Menschen als auch taube Menschen, auf Dolmetschende angewiesen sind. Viel einfacher würde alles werden, wenn noch viel mehr Menschen Gebärdensprache beherrschen würden.

Im Kontext meiner politischen Arbeit sehe ich es ebenso wie bei den Unternehmen nicht als Aufgabe der Parteien an, die finanzielle Unterstützung der Einsätze der Dolmetschenden für taube Menschen aufbringen zu müssen. Im Kommunalwahlkampf haben wir damals einen Vorstellungsfilm von mir in DGS mit Voiceover und Untertiteln gemacht, als ersten Einstieg, um mit den Menschen ins Gespräch zu kommen. Das hat sehr gut funktioniert und ist gut gelungen. Nach eineinhalb Jahren Anträgen, nach Stellungnahmen von Politiker*innen, wurden uns die Gelder für die Finanzierung der Dolmetschenden erstmals für einen

Bundestagswahlkampf von einem Kostenträger (über das persönliche Budget) zur Verfügung gestellt. Ich finde, dass eigentlich alle Kosten für Dolmetschende durch den Staat übernommen werden sollten, ohne Wenn und Aber. Taube Menschen sind nicht freiwillig taub, und können außerdem nicht einfach so hören lernen. Durch die Kostenübernahme konnten wir dann den ganzen wundervollen Wahlkampfsommer 2021 viel via Dolmetschende online, telefonisch und vor Ort kommunizieren. Fast alle Termine konnten wir gemeinsam mit den Dolmetschenden wahrnehmen. Ebenso auch auf den Podiumsdiskussionen. Dabei gab es unterschiedliche Rückmeldungen. Die meisten Menschen waren jedoch begeistert, dass die Kommunikation so reibungsfrei verlief. In diesen Situationen fiel schnell auf, wie viel leichter es war, über Dolmetschende zu kommunizieren – nicht nur für mich, sondern auch für die anderen Parteimitglieder und Bürger*innen.

Ich habe schon immer für Gleichberechtigung und Gleichbehandlung gekämpft und im Jahr 2019 wurde ich gefragt, ob ich mich für den Stadtrat aufstellen lassen würde. Bei der Analyse der verschiedenen Parteien, und damit verbunden der Entscheidung, für welche Partei ich kandidieren würde, merkte ich, dass die Grundwerte der SPD wie Solidarität, Gleichbehandlung und Gerechtigkeit sehr gut zu mir passen, und so bin ich in die Partei eingetreten. Für die Aufstellung der Bundestagskandidatur bin ich dann einige Zeit später von Roland Mair, dem Stadtratsfraktionsvorsitzenden, gefragt worden, ob ich mir vorstellen könnte, mich als Bundestagskandidatin aufstellen zu lassen, nachdem der Kommunalwahlkampf mit mir sehr gut gelaufen war. Anfangs waren wir fünf Kandidat*innen in meinem Bundeswahlkreis Augsburg-Land & Aichach-Friedberg, aus denen sich im Verlauf der Zeit eine weitere Kandidatin und ich durchsetzen konnten und zum Schluss bin ich durch Abstimmung mit einer Mehrheit der Stimmen als Bundestagskandidatin für die SPD nominiert worden.

Allgemein sind die Menschen in meiner Partei sehr offen und kommen auf mich zu. Dennoch weiß kaum jemand, wie die Kommunikation zwischen hörenden und tauben Menschen gestaltet werden kann oder wer die Kosten von Dolmetschenden übernimmt. Es fehlt an Aufklärung. Mir ist in dieser Zeit zum ersten Mal bewusst geworden, dass viele Menschen nichts dafür können, sich nicht mit der Thematik auszukennen, da es bisher nur unzureichende Aufklärungsarbeit gegeben hat. Eine Situation ist mir dabei besonders in Erinnerung geblieben: Auf einem Parteitag wurden ganz selbstverständlich Dolmetschende organisiert, die den Parteitag auch im Livestream, also für die Liveübertragung, dolmetschen sollten. Für die Kommunikation vor Ort, zum Netzwerken oder Kennenlernen meiner Parteigenoss*innen konnten diese Dolmetschenden jedoch nicht zur Verfügung stehen, da sie für die tauben Parteimitglieder, die online zugeschaltet waren, dolmetschten und damit schon zu einhundert Prozent beschäftigt waren. Daran hatte niemand gedacht. An dem Tag habe ich sehr gut improvisiert, mit Parteigenoss*innen schriftlich zu kommunizieren, und in der Pause habe ich eine*n der Dolmetschenden geholt, um mit den anderen zu kommunizieren. Inzwischen sind bei den Parteitagen noch andere Dolmetschende dabei, damit ich und die anderen Parteigenoss*innen miteinander kommunizieren können.

Ein anderes Mal wurde ich von einer Schule, die eine inklusive Klasse mit einer schwerhörigen Schülerin hatte, eingeladen, um mich in der 4. Klasse vorzustellen. Die Viertklässler*innen konnten mir alle möglichen Fragen stellen, um besser nachvollziehen zu können, wie der Alltag ihrer Mitschülerin aussieht. Dabei wurden mir einige unglaubliche Fragen gestellt: ob ich schwimmen, lesen, Autofahren könne und noch vieles weitere. Fragen, die ich mir vorher nicht hätte vorstellen können. Die Aufklärungsarbeit oder vielleicht auch das Wissen der Lehrer*innen, Eltern bzw. Bezugspersonen war dort noch relativ gering.

Ich habe dafür vollstes Verständnis gezeigt, und den Schüler*innen gesagt, dass ich alles wie alle anderen Menschen auch kann – außer Hören. Für die Lehrer*innen war es nach meinem Eindruck normal, dass die Schüler*innen solche Fragen stellen. Woher hätten sie das alles auch wissen sollen?

Doch nicht nur dort: Bei den meisten Menschen und in vielen Bereichen fehlt es an Aufklärung. Die Kommunikationsbedarfe tauber Menschen und die Hürden, die diese nehmen müssen, um Kommunikation auf Augenhöhe herzustellen, sind weitestgehend unbekannt.

Im Bundestag erfahre ich fast eine komplette Teilhabe am parlamentarischen Betrieb in der Form, dass ich mich nicht um die kommunikativen Aspekte meiner Arbeit kümmern muss, sondern nur darum, vor Ort zu sein und meiner Arbeit als Abgeordnete nachzugehen. Für die Bundestagsverwaltung ist eine reibungslose Kommunikation sehr wichtig und auch, dass ich die gleichen Chancen habe wie alle anderen Abgeordneten. Die gesamte Organisation wird dabei von einer der Dolmetschenden, die für uns im Bundestag dolmetscht, übernommen. Ich bin sehr dankbar, diese Erfahrung machen zu dürfen. Wenn Dolmetschende zur Verfügung gestellt werden und die Kommunikation reibungsfrei läuft, empfinde ich meinen Bundestagsalltag als inklusiv. In meiner Arbeit ist kein Tag wie der andere. Zwar gibt es einige feststehende Termine wie beispielsweise die Ausschuss- und die AG- oder Landesgruppensitzungen. Alle anderen Termine, zum Beispiel Gespräche mit Kolleg*innen, Vorbesprechungen, Presse-Termine, Teamsitzungen, auswärtige Veranstaltungen, Plenarsitzungen, Abendveranstaltungen, die Teilnahme an Plenarsitzungen, Frühstücke, Vorträge, spontane Gespräche unterwegs und im Büro, Gesprächstermine mit Expert*innen und Coachings, werden um dieses Grundgerüst herumgebaut – und so entstehen manchmal sehr lange Tage von 7:30 Uhr am Morgen bis in die Nacht hinein.

Das ist dann auch für die Dolmetschenden eine Herausforderung und sie wechseln in einem Schichtsystem mit zwei bis drei 6-Stunden-Schichten. Bis jetzt funktioniert das alles sehr gut und die Zusammenarbeit läuft wirklich sehr harmonisch.

Taube Menschen spüren in mehreren Bereichen besonders, dass noch politische Maßnahmen notwendig sind, um Inklusion zu fördern:

Zum einen betrifft das die *Bildung*. Der Zugang zu einer guten Ausbildung ist erschwert, da es in Schulen und Universitäten oft an Lehrer*innen mit Gebärdensprachkompetenz, Gebärdensprachdolmetschenden und geeigneten Unterstützungsangeboten mangelt.

Auch auf dem *Arbeitsmarkt* gibt es bspw. beim Zugang zu Arbeitsplätzen viele Hürden. Arbeitgeber sind oft nicht ausreichend sensibilisiert, und es fehlen notwendige Unterstützungen und Anpassungen am Arbeitsplatz.

Im Rahmen von *öffentlichen Dienstleistungen* fehlen in vielen Bereichen wie Gesundheit, Seniorenzentren und Sozialdiensten barrierefreie Kommunikationsmöglichkeiten, was den Zugang zu diesen wichtigen Dienstleistungen erschwert.

Im Bereich von *Medien und Kommunikation* geht es vor allen Dingen um Barrierefreiheit. Fernsehsendungen und Nachrichten sind oft nicht untertitelt, vorhandene Untertitel geben teilweise nicht das Gesagte wieder und es wird sehr selten eine Gebärdensprachverdolmetschung angeboten, was den Zugang zu wichtigen Informationen einschränkt. (Als Experiment könnt ihr euch einmal einen Film oder auch eine Live-Talkshow anschauen und dabei die Untertitel einschalten. Steht in den Untertiteln alles, was gesprochen wird? Wird auf Hintergrundgeräusche hingewiesen? Hättest du eine ähnliche Erfahrung, wenn du den Ton ausgestellt hättest?)

Bei *sozialen Interaktionen*, also im öffentlichen Leben, bei Seminaren und bei Veranstaltungen fehlen häufig Gebärdensprachdolmetschende, und es gibt wenig Bewusstsein für die Bedürfnisse gehörloser Menschen, was ihnen die Teilnahme zusätzlich erschwert.

Informationen zu Wahlen und politischen Veranstaltungen sind nicht immer barrierefrei zugänglich, was eine *politische Teilhabe*, also aktiv und informiert am politischen Leben teilzunehmen, beeinträchtigt.

Um echte Inklusion zu erreichen, müssten politische Maßnahmen diese Barrieren abbauen, durch Gesetze und Förderprogramme die Gleichberechtigung für alle Einkommensklassen sichern und das Bewusstsein in der Gesellschaft stärken. Hier sollte es keine Unterschiede geben – Gleichberechtigung für alle, und nicht nur für Einzelne.

Wie die politischen Instrumente aussehen könnten, um die Inklusion tauber Menschen zu fördern, möchte ich hier einmal skizzieren:

1. Gesetzliche Regelungen: Einführung und Durchsetzung von Gesetzen, die den Einsatz von Gebärdensprachdolmetschenden in Bildungseinrichtungen, am Arbeitsplatz und bei öffentlichen Dienstleistungen und in anderen Bereichen des kulturellen und sozialen Lebens ermöglichen.

2. Finanzielle Unterstützung: Bereitstellung von Fördermitteln für die Ausbildung und den Einsatz von Gebärdensprachdolmetschenden sowie für technische Hilfsmittel wie bspw. Untertitelung, Telefondolmetschdienste und Gebärdensprach-Apps.

3. Sensibilisierungskampagnen: Durchführung von Aufklärungskampagnen, um Arbeitgeber, Bildungseinrichtungen und die Öffentlichkeit über die Bedürfnisse und Rechte gehörloser Menschen zu informieren und Vorurteile abzubauen.

4. Barrierefreie Kommunikation: Verpflichtung von Medien und öffentlichen Einrichtungen, barrierefreie Kommunikationsmittel wie Untertitel und Gebärdensprachverdolmetschung anzubieten.

5. Bildungsprogramme: Entwicklung spezieller Bildungsprogramme und Schulungen für Lehrer*innen und Arbeitgeber*innen, um ihnen die notwendigen Fähigkeiten zu vermitteln und sie für die Bedürfnisse gehörloser Menschen zu sensibilisieren.

6. Technologische Unterstützung: Förderung und Entwicklung von Technologien, die die Kommunikation erleichtern, wie z. B. Echtzeit-Übersetzungssoftware und barrierefreie digitale Plattformen.

7. Rechtsanspruch: Einführung eines Rechtsanspruchs auf barrierefreie Kommunikation und Unterstützung, damit gehörlose Menschen ihre Rechte effektiv einfordern können.

8. Politische Teilhabe: Sicherstellung, dass politische Informationen, Veranstaltungen und Wahlen barrierefrei zugänglich sind, z. B. durch Gebärdensprachverdolmetschung bei politischen Veranstaltungen, die Übersetzung des Wahlprogramms in Gebärdensprache und barrierefreie Wahlunterlagen.

Inklusive Politik bedeutet für mich, dass ALLE – und damit meine ich ALLE – Menschen in unsere Gesellschaft miteinbezogen werden sollen, egal wer sie sind oder woher sie kommen. Das Ziel ist es, sicherzustellen, dass jeder die GLEICHEN Chancen und Rechte hat. Für mich gibt es dabei fünf zentrale Merkmale inklusiver Politik: Zunächst steht das Prinzip des Mitmachens im Vordergrund, das allen Menschen unabhängig von Geschlecht, Alter, Hautfarbe oder Behinderung die Teilnahme an politischen Entscheidungsprozessen ermöglichen soll. Ein weiteres wichtiges Merkmal ist die Fairness, die durch die konsequente und unbürokratische Umsetzung bestehender Gesetze gewährleistet werden muss, sodass jeder Mensch die gleichen Chancen erhält. Die gesellschaftliche Teilhabe als drittes Merkmal zielt darauf ab, dass alle Menschen Zugang zu fundamentalen Bereichen wie Bildung, Gesundheitsversorgung und Arbeitsmarkt haben, ohne durch Faktoren wie Armut oder Herkunft benachteiligt zu werden. Die politische Teilhabe stellt sicher, dass verschiedene gesellschaftliche Gruppen wie Frauen, Menschen mit Behinderung oder Minderheiten durch ihre Vertreter*innen in der Politik repräsentiert werden und ihre Interessen Gehör finden. Das fünfte Merkmal, Verständnis und Akzeptanz, soll durch gezielte Programme und Aktionen gefördert werden, um Vorurteile abzubauen und das gegenseitige Verständnis zu verbessern. Dadurch wird letztendlich eine inklusive Politik geschaffen, die niemanden ausschließt, Chancengleichheit gewährleistet und einen sensiblen Umgang miteinander fördert, um eine gerechtere Gesellschaft zu ermöglichen, in der sich jeder einbringen und aktiv teilhaben kann.

Zusammengefasst geht es bei inklusiver Politik darum, dass niemand ausgeschlossen wird und alle die gleichen Chancen haben und ein sensibler Umgang untereinander gefördert wird. Es soll eine gerechtere Gesellschaft geschaffen werden, in der jeder mitmachen und sich einbringen kann.

Um die politische Teilhabe von Menschen mit Behinderung zur Selbstverständlichkeit zu machen, sind verschiedene ineinandergreifende Maßnahmen erforderlich: An erster Stelle steht die Schaffung barrierefreier Zugänge, die sowohl physische Aspekte wie zugängliche Gebäude und Wahllokale als auch digitale Barrierefreiheit bei Webseiten und Apps sowie kommunikative Barrierefreiheit durch leichte Sprache und Gebärdensprache umfasst. Bildung und Bewusstseinsbildung spielen eine zentrale Rolle, indem sie durch inklusive Bildungskonzepte und Sensibilisierungskampagnen das Verständnis für Vielfalt fördern. Die rechtlichen

Rahmenbedingungen müssen durch starke Antidiskriminierungs-gesetze und Quotenregelungen die Chancengleichheit sicherstellen. Gezielte Unterstützung durch Mentoring-Programme und finanzielle Förderung erleichtert Menschen mit Behinderung den Weg in die Politik. Die aktive Partizipation wird durch inklusive politische Prozesse und Beratungsgremien gefördert, während positive Vorbilder und mediale Repräsentation zur Inspiration dienen. Ein nachhaltiger kultureller Wandel durch kontinuierliche Aufklärung und positive Beispiele trägt dazu bei, dass Menschen mit Behinderung selbstverständlich Politik machen und vielfältige Themen vertreten können.

Durch die Umsetzung dieser Maßnahmen kann eine inklusive politische Kultur geschaffen werden, in der Menschen mit Behinderungen selbstverständlich Politik machen und eine breite Vielfalt von Themen vertreten können. Wünsche und Maßnahmen von tauben Menschen an nicht-taube Menschen sind oft, dass sie besser unterstützt und mitgedacht werden. Zum Beispiel: Zugang zu Dolmetschenden oder Untertiteln bei Veranstaltungen und im Alltag. Zeitgleich wünschen sich viele Menschen in der direkten Begegnung einen Kontakt auf Augenhöhe, bei dem die unterschiedlichen kommunikativen Bedürfnisse berücksichtigt werden und darauf eingegangen wird. Positive Erfahrungen entstehen, wenn alle mitgedacht und Barrieren abgebaut werden. Wir alle können unsere Privilegien einsetzen, indem wir uns für Inklusion starkmachen und Barrierefreiheit fördern. Manchmal meinen wir es gut, aber es kommt bei der anderen Person nicht gut an. Zum Beispiel, wenn wir helfen, ohne vorher zu fragen, was gebraucht wird. Deswegen ist es wichtig, zu erfragen und genau zuzuhören, welche Form der Unterstützung erwünscht ist. Jede*r kann individuell handeln, indem er*sie zuhört, aufklärt und versucht, andere zu unterstützen.

In einer perfekten Welt wären keine speziellen Maßnahmen nötig, um dies zu erreichen. In der Realität gibt es jedoch Unterschiede und Barrieren, die dazu führen, dass manche Menschen benachteiligt werden. Diese Unterschiede können Behinderungen, ethnische Herkunft, Geschlecht oder andere Merkmale betreffen. Inklusion ist entstanden, um diese Ungleichheiten auszugleichen. Sie sorgt dafür, dass alle Menschen, unabhängig von ihren Unterschieden, gleichberechtigt am gesellschaftlichen und politischen Leben teilhaben können. Durch das Anderssein und die damit verbundenen Barrieren wird Inklusion notwendig. Sie stellt sicher, dass Vielfalt nicht zu Ausgrenzung führt, sondern dass jeder Mensch gleiche Chancen hat. Inklusion ist also wichtig, um echte Gerechtigkeit und Gleichheit für alle zu erreichen.

Durch das Anderssein entstehen Unterschiede. Das Anderssein jedes Einzelnen trägt zur Vielfalt und Bereicherung unserer Gesellschaft bei. Unterschiedliche Perspektiven, Hintergründe und Erfahrungen führen zu neuen Ideen und Innovationen. Es ist wichtig, die Unterschiede wertzuschätzen, denn sie sind ein wesentlicher Bestandteil dessen, was uns als Gemeinschaft stark und dynamisch macht.

Wir tauben Menschen können unmöglich hören lernen, aber ihr hörenden Menschen könnt dagegen die Deutsche Gebärdensprache lernen. Dadurch können wir die Kommunikation zwischen uns reibungslos gestalten. Ich freue mich, dass ich es geschafft habe, in dieser Position als Bundestagsabgeordnete zu sein – denn es bietet eine sehr große Sichtbarkeit für alle Menschen in Deutschland.

Ob ich als Vorbild gesehen werde, sollen andere entscheiden. Aber ich sehe mich natürlich in einer Verantwortung für alle Menschen dieses Landes, egal ob sie eine Behinderung haben, einen Migrationshintergrund, queer sind oder andere Herausforderungen meistern.

RITA SÜSSMUTH

Rita Süssmuth (geboren 1937), CDU-Politikerin und promovierte Erzie-
hungswissenschaftlerin, hinterließ als erste Frauenministerin der
Bundesrepublik Deutschland (1986–1991) einen bleibenden Eindruck
auf die deutsche Frauen- und Familienpolitik. Unter ihrer Leitung erfuhr
das Ministerium eine bedeutende Erweiterung um die Abteilung Frau-
enpolitik, ein Meilenstein für die Anerkennung der Rechte von Frauen
in der politischen Landschaft. In ihrer Rolle als Bundestagspräsidentin
(1988–1998) und Vorsitzende der Frauen Union (1986–2001) engagierte
sie sich unermüdlich für Gleichberechtigung und gegen Diskriminierung.

Trotz Herausforderungen und großer politischer Widerstände hörte sie nie auf, sich für
die Frauen zu engagieren, zuletzt mit der
Kampagne »Parität Jetzt!« für die gleichberechtigte Teilhabe von Frauen und
Männern in den Parlamenten.

Foto: Stella von Saldern

GLEICHBERECHTIGUNG IN DER POLITIK – EINE ÜBERFÄLLIGE NOTWENDIGKEIT

Eines der ersten Dinge, die ich in der Politik lernte, war, wie sehr Frauen, die für ihre Rechte kämpfen, oft als Störenfriede wahrgenommen werden. Als ich 1985 zur Bundesministerin für Jugend, Familie und Gesundheit berufen wurde, erwartete man von mir, »Frauenthemen« eher zurückhaltend und angepasst zu behandeln. Man wollte mich mitfühlend und unterstützend sehen, aber keinesfalls fordernd. Doch ich wusste, dass ich dieses Klischee durchbrechen musste, wenn wir wirklich etwas bewegen wollten. Und das tat ich auch. Entgegen allen Erwartungen und Widerstände.

Wenn ich heute auf meine politische Laufbahn zurückblicke, sehe ich viele Momente des Kampfes und der Überzeugungsarbeit. Es war ein ständiges Ringen um Anerkennung und Respekt in einer Welt, die lange Zeit von Männern dominiert wurde – nicht nur quantitativ, sondern auch strukturell und kulturell. Ich erinnere mich gut an die Skepsis, mit der ich empfangen wurde, als ich in der CDU begann, für mehr Frauen in der Politik zu werben. Ich sage bewusst werben, weil es eine mühsame Überzeugungsarbeit war. Doch Gleichberechtigung ist kein Luxus, sondern eine unverhandelbare Notwendigkeit. Ohne Frauen in der Politik bleibt ein großer Teil unserer Gesellschaft von Entscheidungsprozessen ausgeschlossen – und das spiegelt sich letztlich in der Qualität unserer Politik wider. Denn ein weiteres Lehrstück war die Erkenntnis, dass Frauen in der Politik in ihren Kompetenzen, Können und Wollen oft unterschätzt werden. In der CDU – und nicht nur dort – traf ich auf Kollegen, die mich ablehnten oder skeptisch beobachteten, weil ich nicht bereit war, mich in das klassische Rollenbild einzufügen. Als ich 1988 zur Bundestagspräsidentin gewählt wurde, begann ich meine Rede mit der Feststellung: »Frauen in der Politik müssen oft doppelt so hart arbeiten, um die Hälfte an Anerkennung zu erhalten.« Für manche war das provokant, aber es spiegelte die Realität wider, die ich aus erster Hand kannte.

Besonders kontrovers waren die Diskussionen um die Reform des §218 StGB, der den Schwangerschaftsabbruch regelt. 1987 sah ich mich als Bundesministerin für Jugend, Familie, Frauen und Gesundheit erheblichen Herausforderungen gegenüber. Innerhalb der CDU/CSU-Fraktion gab es starke Bestrebungen, Abtreibungen weiter zu erschweren. Der baden-württembergische Ministerpräsident Lothar Späth forderte eine restriktivere Handhabung der Beratungen, ähnlich wie in seinem Bundesland. Zudem drohte die CSU mit einem eigenen Gesetzentwurf, sollte die Bundesregierung nicht bald einen vorlegen.

Mein Ziel war es, die Beratung für schwangere Frauen zu verbessern, ohne den §218 durch das Beratungsgesetz zu verschärfen. Ich argumentierte, dass Forderungen wie die Verlängerung der Frist zwischen Beratung und Abbruch oder eine schriftliche Begründung durch den abtreibenden Arzt nur durch eine Änderung des §218 selbst umgesetzt werden könnten. Eine solche Änderung war jedoch mit dem Koalitionspartner FDP nicht durchsetzbar und fand auch in der CDU/CSU-Fraktion nur begrenzte Unterstützung. Trotz zunehmenden Drucks hielt ich an meiner Position fest, die Beratung zu stärken, ohne die zusätzlichen Hürden für Frauen zu verschärfen. Diese Haltung führte zu Spannungen innerhalb der Union, da konservative Kräfte eine Verschärfung der Abtreibungsregelungen forderten.

Eine Episode bleibt mir besonders in Erinnerung: Während einer der Debatten über die Reform des Abtreibungsrechts geriet ich mit männlichen Kollegen aneinander, die der Meinung waren, diese Entscheidung solle »den Männern« überlassen bleiben. Ich widersprach vehement und argumentierte, dass Frauenrechte keine Verhandlungssache seien, sondern ein Grundpfeiler einer gerechten Gesellschaft. Die Diskussion wurde hitzig, und ein Kollege sagte mir direkt ins Gesicht, ich würde »nie verstehen, wie Politik funktioniert, wenn ich immer so emotional reagiere.« Ich blieb ruhig, doch in mir wuchs ein unerschütterlicher Kampfgeist. Mir war klar: Wenn ich nachgeben würde, würde ich nicht nur mich selbst verraten, sondern auch die Frauen, für die ich Verantwortung trug.

Ein Teil dieser Kritik und der Herausforderungen kam aus den Reihen meiner eigenen Partei. Gleichzeitig waren Männer jedoch auch wichtige Verbündete. Einer meiner engsten Unterstützer war Heiner Geißler, der als CDU-Generalsekretär ebenfalls Reformen vorantrieb. Auf Heiner Geißler hatte ich anfangs ablehnend reagiert. Er konnte sehr hart und verletzend gegenüber Menschen, auch Frauen sein, die nicht seine Meinung vertraten. Aber ich lernte auch einen völlig anderen Geißler kennen. Er konnte zuhören, schwieg sehr lange und setzte sich ein. Er war für mich ein wichtiger Begleiter, der mir immer wieder sagte, nicht aufgeben – durchhalten! Gemeinsam kämpften wir für mehr Frauenförderung innerhalb der Partei und setzten uns für soziale Themen ein, die damals keineswegs selbstverständlich waren. Doch selbst in dieser Allianz stieß ich oft auf Hindernisse – vor allem bei jenen CDU-Männern, die sich durch meine Positionen herausgefordert fühlten und das Gefühl hatten, ihre Macht verteidigen zu müssen. Das Wort »Macht« war und ist dabei von zentraler Bedeutung.

Besonders prägend erlebte ich die Debatten der 1980er Jahre, etwa um die Einführung von Frauenquoten in der Politik. Diese war in den Parteien umstritten, wurde aber unverzichtbar, um Frauen stark zu machen, politisch und persönlich. Ohne aktive Beteiligung bleiben sie schwach. Die CDU führte unter meiner

Mitwirkung intensive Diskussionen, die nicht nur die Rolle von Frauen in der Politik, sondern auch die Frage nach Geschlechtergerechtigkeit in der Gesellschaft insgesamt betrafen.

Am 8. März 1995, dem Internationalen Frauentag, hatte ich die Ehre, als Bundestagspräsidentin die erste parlamentarische Debatte zu diesem Anlass zu eröffnen. Es war ein bedeutender Moment, ermöglicht durch eine interfraktionelle Initiative von Frauen. In meiner Rede betonte ich die Notwendigkeit von Frauenquoten, da freiwillige Maßnahmen oft nicht ausreichten, um die Gleichstellung voranzutreiben. Ich sagte: »Wir alle wünschten uns, wir bräuchten diese Krücken nicht. Doch wir mussten Jahrzehnt für Jahrzehnt erleben, dass sie notwendig sind und Freiwilligkeit ihre Grenzen hat.«

Diese Position stand im Gegensatz zur offiziellen Linie meiner Partei und der damaligen Koalition. Dennoch erhielt ich parteiübergreifenden Beifall, was zeigte, dass das Thema Gleichberechtigung viele bewegte. Die damalige Bundesfrauenministerin Claudia Nolte stimmte mir zwar zu, vermied es jedoch, explizit für Frauenquoten einzutreten. Sie wies auch darauf hin, dass Gleichberechtigung noch nicht erreicht sei, solange Frauen in Führungspositionen der deutschen Wirtschaft nur einen Anteil von drei Prozent ausmachten. Das hat seine Gründe, bedarf aber unbedingt der Veränderung. Die Debatte war ein wichtiger Schritt, um die Gleichstellung von Frauen in Deutschland voranzubringen. Sie zeigte, wie notwendig es ist, bestehende Strukturen zu hinterfragen und aktiv Maßnahmen zu ergreifen, um ein höheres Maß an Chancengleichheit zu erreichen.

WIR BRAUCHEN EINEN GROSSEN ZUSAMMENSCHLUSS!

Dass wir drei Jahrzehnte später immer noch über Frauenquoten und Abtreibungsreformen sprechen, zeigt, wie vertrackt dieser Kampf ist. Um die Gleichstellung von Frauen und Männern voranzutreiben, reicht es eben nicht, wenn einige mutige Vorreiterinnen vereinzelt Machtpositionen erreichen. Wir müssen viele werden, die Hälfte. Und dafür braucht es vor allem eines: Zusammenhalt.

Netzwerke und gemeinsames Handeln sind dabei unerlässlich, um die Anliegen von Frauen voranzubringen. Die Geschichte der Frauenbewegung zeigt uns dies eindrucksvoll. Frauenverbände und Einzelpersonen unterstützten die »vier Mütter des Grundgesetzes« mit Waschkörben voller Briefe und sorgten so dafür, dass Artikel 3 Absatz 2 ins Grundgesetz aufgenommen wurde. Dieser Artikel ist bis heute das Fundament für die Gleichberechtigung von Frauen und Männern. Im Übrigen vertrat der Parlamentarische Rat schlussendlich die Ansicht, dass Demokratie und Gleichberechtigung sich gegenseitig ergänzende und keineswegs widersprüchliche oder gar gegensätzliche Grundrechtsnormen darstellen.

Die Bedeutung von Frauennetzwerken in der Politik hat sich über Jahrzehnte hinweg als essenziell erwiesen, um gesellschaftliche Transformationen zu bewirken. Mein Vorbild sind die Frauen der Weimarer Republik, die sich in Netzwerken und Vereinen organisierten – bis diese von den Nationalsozialisten zerstört wurden. Ein historischer Meilenstein dieser Ära war das Frauenwahlrecht, das vor über 100 Jahren erkämpft wurde. Ohne die Kraft von Netzwerken wäre dieser Erfolg nicht denkbar gewesen.

Marie Juchacz, die 1919 als erste Frau vor der Weimarer Nationalversammlung sprach, verkörpert die Wirkungskraft von Frauennetzwerken. Sie war keine Politikerin aus privilegiertem Hintergrund, sondern begann als ungelernte Fabrikarbeiterin. Durch ihren Einsatz in der Arbeiterbewegung und die Unterstützung durch Netzwerke wie die Sozialdemokratische Frauenbewegung wurde sie eine zentrale Stimme für Frauenrechte und soziale Gerechtigkeit. Ihre Rede vor der Nationalversammlung war ein Manifest für Gleichberechtigung und eine klare Botschaft: Frauen sind keine Zuschauerinnen, sondern Mitgestalterinnen der Demokratie.

Historisch gesehen waren Frauennetzwerke immer dann entscheidend, wenn es darum ging, strukturelle Ungerechtigkeiten zu bekämpfen. So war es der »Bund Deutscher Frauenvereine«, der lange vor 1918 die Idee des Frauenwahlrechts vorantrieb. Diese Netzwerke boten nicht nur Plattformen für Austausch, sondern ermöglichten auch strategische Planung und Mobilisierung. Sie halfen Frauen, in einer männerdominierten Gesellschaft Gehör zu finden und ihre Anliegen wirksam voranzubringen.

Der Kampf um Gleichstellung ist noch lange nicht abgeschlossen. Auch heute zeigt sich, dass Frauen in Führungspositionen oft isoliert bleiben, wenn es nicht gelingt, starke Netzwerke zu etablieren. Die historische Erfahrung lehrt uns, dass Einzelkämpferinnen zwar wichtig sind, echte Veränderung jedoch nur durch kollektive Kraft erreicht werden kann. Der Zusammenschluss von Frauenorganisationen, die heute weltweit agieren, zeigt, dass diese Lektion verstanden wurde. Wir brauchen Solidarität, gegenseitige Unterstützung und Durchhaltevermögen, um die immer noch bestehenden Hürden in Politik, Wirtschaft und Gesellschaft zu überwinden.

Ich sehe die Notwendigkeit, neue Formen des Netzwerkens zu etablieren, die über lokale oder nationale Grenzen hinausgehen. Geschlechtergerechtigkeit ist ein globales Anliegen. Frauen müssen sich auch international zusammenschließen, um ihre Interessen wirksam zu vertreten und die Rechte aller Geschlechter gleichermaßen zu fördern.

FRAUENNETZWERKE WAREN UND SIND NOCH HEUTE UNVERZICHTBAR

Meine Botschaft ist klar: Die Geschichte zeigt, dass Frauennetzwerke unverzichtbar sind, um weiterzukommen. Sie sind der Schlüssel zur Gestaltung einer demokratischen Gesellschaft, in der Frauen und Männer wirklich gleichberechtigt sind. Ohne diese Netzwerke wären viele Errungenschaften der Vergangenheit – von der Einführung des Frauenwahlrechts bis zur formalen Gleichstellung – undenkbar gewesen. Und ohne sie werden wir auch in Zukunft keine echten Fortschritte erzielen.

Die Nachkriegszeit stellte Frauen vor neue Herausforderungen, brachte aber auch bedeutende Meilensteine für ihre politische und gesellschaftliche Partizipation. Die Aufnahme der Gleichberechtigung von Männern und Frauen ins Grundgesetz im Jahr 1949 war ein entscheidender Erfolg. Artikel 3 Absatz 2 wurde gegen erhebliche Widerstände formuliert und verabschiedet. Elisabeth Selbert, eine der vier Mütter des Grundgesetzes, setzte sich mit außergewöhnlicher Beharrlichkeit dafür ein, dass Gleichberechtigung nicht nur ein leeres Versprechen blieb, sondern ein rechtlich bindendes Prinzip wurde. Dieser Erfolg war nur durch die Unterstützung eines breiten Bündnisses von Frauenverbänden möglich. Frauen aus unterschiedlichsten politischen Lagern standen hinter diesem Ziel.

Ein weiterer Durchbruch in der Nachkriegszeit war die schrittweise Reform des Ehe- und Familienrechts in den 1950er und 1960er Jahren. Die sogenannte »Hausfrauenehe«, die Frauen rechtlich und finanziell vom Ehemann abhängig machte, wurde schrittweise abgeschafft. Besonders hervorzuheben ist hierbei der Deutsche Frauenring, der sich energisch für die Modernisierung des Familienrechts einsetzte.

In den 1970er Jahren gewann die Frauenbewegung in Deutschland an Stärke. Mit ihr entstand eine zunehmende Vernetzung von Frauen, die nicht nur national, sondern auch international agierten. Themen wie das Recht auf Abtreibung, die Einführung der Ehe ohne Schuldprinzip und die bessere Vereinbarkeit von Beruf und Familie rückten in den Fokus. Politische Erfolge waren immer dann möglich, wenn Frauen gemeinsam auftraten und über ideologische und soziale Grenzen hinweg kooperierten.

Ohne Netzwerke und die Zusammenarbeit von Frauen, ohne das Teilen von Wissen, Strategien und Zielen wäre kein Fortschritt möglich gewesen. Netzwerke waren der Motor für Veränderung. Heute stellt sich die Frage, wie wir diese Netzwerke stärken und unterstützen können, um sie für die Herausforderungen des 21. Jahrhunderts zu wappnen. Es ist unsere gemeinsame Aufgabe, die Arbeit jener Frauen fortzusetzen, die diese Errungenschaften erkämpft haben.

Für mich bedeuteten Netzwerke nicht nur gegenseitigen Zuspruch, sondern auch die Entwicklung konkreter Strategien, um innerhalb gesellschaftlich dominierender Strukturen Gehör zu finden. Als Bundestagspräsidentin und erste Bundesfrauenministerin der Bundesrepublik nutzte ich jedes Treffen und jede Gelegenheit, um Politikerinnen zu ermutigen, sich gegenseitig zu unterstützen und Netzwerke zu knüpfen. Es war und ist mir wichtig, dass jede weiß: Sie sind nicht allein. Gemeinsam sind wir stärker.

Netzwerke gehören zu den wirksamsten Werkzeugen für Frauen in der Politik. Sie ermöglichen uns, nicht nur für uns selbst einzutreten, sondern auch für eine Generation von Frauen und Männer gleichermaßen. Für uns als Gesellschaft. Ein Beispiel dafür war die Einführung von Mentoring-Programmen, die ich in den späten 1990er Jahren aktiv unterstützte. Eine junge Politikerin zögerte zunächst, da sie befürchtete, als »Begünstigte« abgestempelt zu werden. Doch nach einigen Gesprächen verstand sie, dass wir diese Strukturen schaffen mussten, um langfristige Veränderungen zu ermöglichen.

ES IST NOCH VIEL ZU TUN

Parität in der Politik muss unser aller erklärtes Ziel sein. Als Bundestagspräsidentin a. D. betrachte ich die anhaltende Unterrepräsentanz von Frauen im Deutschen Bundestag mit großer Sorge. Frauen stellen die Hälfte der Bevölkerung, sind jedoch seit Jahrzehnten nur zu etwa einem Drittel im Parlament vertreten. Das widerspricht dem demokratischen Grundgedanken und Artikel 3 Absatz 2 des Grundgesetzes, der die Gleichberechtigung von Männern und Frauen festschreibt.

In der deutschen Geschichte gab es bisher kein Parlament, in dem Frauen und Männer auch nur annähernd zu gleichen Teilen repräsentiert waren. Deshalb setze ich mich – gemeinsam mit vielen anderen – nachdrücklich für ein Paritätsgesetz ein. Weil Demokratie uns alle braucht. Die Wahlrechtsreform im Deutschen Bundestag eröffnet hierfür Tür und Tor und bietet die Chance, einer gleichberechtigten Repräsentanz von Frauen und Männern im Bundestag endlich einen Schritt näher zu kommen.

Es ist keine rein frauenpolitische Forderung, sondern eine gesellschaftspolitische und eine zutiefst demokratische. Eine echte Partnerschaft – privat wie politisch – kann nur gelingen, wenn die Bedingungen für Frauen und Männer vergleichbar sind. Was wir brauchen, ist einen neuen Gesellschaftsvertrag, der Frauen nicht als Bittstellerinnen, sondern als gleichberechtigte Partnerinnen auf allen Ebenen anerkennt.

Frauen haben heute die Chance, die Politik mitzugestalten – gerade in Zeiten des Vertrauensverlusts in traditionelle Parteien. Mit einer gleichberechtigten Perspektive können wir weitaus innovativere Konzepte entwickeln, etwa in der Pflege oder für die Vereinbarkeit von Erwerbs- und Sorgearbeit. Doch solche Veränderungen erfordern Mut, Entschlossenheit und ein festes Bekenntnis zur Umsetzung der Gleichberechtigung.

Wenn ich auf meine politische Laufbahn zurückblicke, sehe ich, wie wichtig all diese kleinen und großen Schritte waren. Wir haben viel erreicht, doch es bleibt noch immer ein weiter Weg. Für mich ist Gleichberechtigung nicht einfach ein Ziel, sondern eine tägliche Aufgabe. Eine meiner wertvollsten Erfahrungen war ein Treffen mit einer jungen Abgeordneten, die mir sagte: »Frau Süssmuth, ich bin nur hier, weil Sie gezeigt haben, dass es möglich ist.« Diese Worte bestärken und erinnern mich daran, dass jede einzelne Frau, die sich durchsetzt, den Weg für eine nächste ebnet. Es ist eine ununterbrochene Kette, die uns verbindet – über Generationen hinweg.

Der Kampf um Gleichberechtigung war nie leicht, und er wird es auch in Zukunft nicht sein. Wir brauchen Mut, Beharrlichkeit und den Glauben daran, dass Veränderung möglich ist. Was mich in all den Jahren immer wieder bestärkt hat, ist die Überzeugung, dass wir als Gesellschaft gewinnen, wenn wir die Potenziale aller Menschen – unabhängig vom Geschlecht – fördern und respektieren. Wir müssen uns von alten Rollenbildern lösen und uns bewusst machen, dass wir als Gesellschaft miteinander leben.

Erfreulicherweise sind es heutzutage immer weniger Männer, die sich gegen die Gleichberechtigung der Frauen aussprechen. Das macht Hoffnung. Dennoch müssen wir uns immer wieder bewusst fragen: Warum ist eigentlich das Selbstverständliche nicht längst geschehen? Und daran anschließend Potenziale der Menschen stärken. Netzwerke sind dafür unerlässlich, sie sind nicht nur ein Ort des Austauschs und der Solidarität, sondern auch eine treibende Kraft für gesellschaftlichen Wandel und eine gerechte Zukunft.